REVISTA Aventuras

Houghton Mifflin Harcourt

Program Consultant
Dr. Gisela O'Brien

Cover illustration by Brandon Dorman.

Copyright © 2017 by Houghton Mifflin Harcourt Publishing Company

All rights reserved. No part of this work may be reproduced or transmitted in any form or by any means, electronic or mechanical, including photocopying or recording, or by any information storage and retrieval system, without the prior written permission of the copyright owner unless such copying is expressly permitted by federal copyright law. Requests for permission to make copies of any part of the work should be addressed to Houghton Mifflin Harcourt Publishing Company, Attn: Contracts, Copyrights, and Licensing, 9400 Southpark Center Loop, Orlando, Florida 32819-8647.

Common Core State Standards © Copyright 2010. National Governors Association Center for Best Practices and Council of Chief State School Officers. All rights reserved.

This product is not sponsored or endorsed by the Common Core State Standards Initiative of the National Governors Association Center for Best Practices and the Council of Chief State School Officers.

Printed in the U.S.A.

ISBN 978-0-544-81225-3

5 6 7 8 9 10   0868   23 22 21 20 19

4500769843   A B C D E F G

If you have received these materials as examination copies free of charge, Houghton Mifflin Harcourt Publishing Company retains title to the materials and they may not be resold. Resale of examination copies is strictly prohibited.

Possession of this publication in print format does not entitle users to convert this publication, or any portion of it, into electronic format.

Unidad 1: Una visita por el vecindario 2

Un perro en casa TEXTO INFORMATIVO
por Núria Roca • ilustrado por Rosa M. Curto 4

Ayudantes increíbles TEXTO INFORMATIVO
por Núria Roca • ilustrado por Rosa M. Curto 12

Extrañas sombras FICCIÓN HUMORÍSTICA
por Daniel Nesquens 14

Un alto precio FÁBULA
por F. Isabel Campoy 24

Un encargo insignificante FICCIÓN REALISTA
por Pedro Pablo Sacristán 30

La escuela TEXTO INFORMATIVO
por Meritxell Martí • ilustrado por Violeta Monreal 38

Unidad 2: Maestra naturaleza 42

El maíz más preciado FICCIÓN REALISTA
por Elsie Mei 44

Una huerta en casa TEXTO INFORMATIVO
por Marilú Finn 52

La leyenda del fuego CUENTO POPULAR
por Francisco Alén Freire 56

La paca y el escarabajo CUENTO TRADICIONAL 66

El tiburón blanco TEXTO INFORMATIVO
por Marcos Salvador Blanco 70

Los arrecifes de coral TEXTO INFORMATIVO
por Pablo Ernesto Flores 80

Unidad 3 ¡Cuéntamelo! 82

La música TEXTO INFORMATIVO
por Marcos Salvador Blanco 84

Estaba la rana CANCIÓN 94

Louis Braille BIOGRAFÍA
por Mora Hynes 96

Hablar con las manos TEXTO INFORMATIVO
por Ana di Mare 104

Tiempo Mateo FICCIÓN HUMORÍSTICA
por Lamar Ordenario 106

Poemas tradicionales POESÍA 116

Unidad 4

Héroes y ayudantes........................ 120

¡Quiero ayudar! FICCIÓN HUMORÍSTICA
por Alma Flor Ada • ilustrado por Ángela Domínguez........122

Todas las buenas manos FICCIÓN REALISTA
por F. Isabel Campoy...132

Gabriela Mistral, la poeta de los niños BIOGRAFÍA
por Ailén Espino 134

Yo soy poeta POESÍA
por F. Isabel Campoy... 143

Huellas en caminos blancos FICCIÓN REALISTA
por Marilú Finn... 144

Faro POESÍA
por Alma Flor Ada 155

Unidad 5 Mundo cambiante 156

El elefante bebé TEXTO INFORMATIVO
por Jezabel Janáriz 158

Los caballitos de mar TEXTO INFORMATIVO
por Francisca Nolte 166

El arte de hacer amigos FICCIÓN REALISTA
por Amy Blas 168

Cómo hacer un abanico de papel TEXTO INFORMATIVO
por Ana di Mare 178

Unidad 6 ¡Qué sorpresa! 180

El talento de la oruga FANTASÍA 182

Una cuncuna amarilla CANCIÓN
por María de la Luz Corcuera 192

El zapatero y los duendes CUENTO DE HADAS
versión de Pamela Archanco 194

El zapatero y los duendes TEATRO DEL LECTOR
por Pablo Ernesto Flores 202

La cigarra y la hormiga CUENTO POPULAR
versión de Elsie Mei 206

Las cabritas porfiadas CUENTO TRADICIONAL
versión de F. Isabel Campoy 216

¡Bienvenido, lector!

Una rana de árbol mira por encima de una hoja en una selva de **Costa Rica**.

Estas personas en **Ciudad de México (México)** disfrutan de un paseo en estos coloridos botes llamados trajineras.

¿Sabes en qué partes del mundo los niños aprenden a leer en español? Mira la portada de la Revista. Las imágenes te darán algunas pistas.

Tu maestro puede ayudarte a buscar estos lugares en un mapamundi.

Los artistas crean estos joyeros en **El Salvador**.

Este bello arte mural viene de **Puerto Rico**.

Ahora es tu turno.

Al igual que otros niños de todo el mundo, estás aprendiendo a leer en español. Piensas en lo que significan las palabras y las oraciones. Descubres nuevos personajes e ideas.

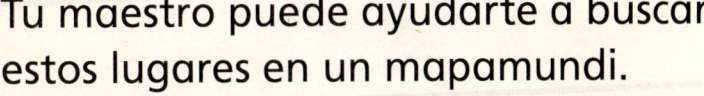

¿Estás listo para empezar?

¡Es hora de dar vuelta la página!

¿De qué maneras podemos ayudar a nuestra comunidad?

Coméntalo

Una visita por el vecindario

"El buen vecino arregla el camino".

—*Dicho popular*

Un perro en casa

por Núria Roca

Hoy es un día fantástico. Los papás de Marisa y Marcos han ido a buscar a Duk. Este precioso cachorro de perro parece una bolita con patas.

Tener en casa a Duk es toda una responsabilidad. Hay que cuidarlo, enseñarle lo que puede hacer y lo que no, jugar con él. También hay que sacarlo de paseo y acompañarlo al veterinario. ¡Todos en casa tendrán que colaborar! Duk no es un juguete. Es un miembro más de la familia.

Al llegar a casa, lo huele todo y husmea por todas las habitaciones. Muy pronto localiza su rincón especial. Allí están su cama y los boles para la comida y el agua. Marcos ha dejado allí también unos juguetes. Duk puede mordisquearlos si quiere.

Duk es todavía un cachorro. Por eso, tiene que comer más de una vez al día. De esto se ocupan Marcos y Marisa. Cada día le corresponde a uno de ellos ponerle la comida, siempre a la misma hora. También cuidan de que nunca le falte agua fresca.

El primer día que van al veterinario, Duk está algo nervioso. Marcos lo acaricia y le dice cosas para tranquilizarlo. Ahora está vacunado. ¡Ya puede salir de paseo!

Cuando le ponen la correa, Duk se enfada. No para de morderla, dar tirones y rascarse con desespero. Solo se calma con la pelota que le lanza Marcos. Le gusta tanto jugar, que se olvida de la correa.

La mamá de Marisa y Marcos siempre comprueba el collar. No debe estar ni muy apretado ni muy flojo. Para ello, pasa un dedo entre el cuello del cachorro y el collar. ¡A Marcos le caben dos dedos!

Duk tiene todavía los dientes de leche. Se pasa el día entero mordisqueando todo. Muerde los cojines del sofá, los vaqueros de Marcos, los zapatos de su padre. Si muerde lo que no debe, le dicen: "¡No!".

También Marisa y Marcos han aprendido mucho. Cuando Duk mantiene la cola alta, significa que está contento. Y, si la mueve de un lado a otro, que está más contento que unas pascuas.

Ayudantes increíbles

por Núria Roca

Los perros arrastran trineos. Buscan personas que han quedado enterradas entre escombros. Hacen de lazarillo y guían a personas que no ven. Marcos ha enseñado a Duk a encender y apagar la luz. Y el mejor amigo de Marisa le ha enseñado a recoger el lápiz cuando se cae al suelo. Cuando ella y su amiguito hacen los deberes juntos, Duk solo espera que caiga el lápiz. ¡A Duk le encanta tener trabajo!

Con nuestro olfato, buscamos personas desaparecidas.

Extrañas sombras

por Daniel Nesquens

Aquel patito de andares saltarines no era el patito feo. Pero sus compañeros no querían jugar con él.

Daba lástima ver al patito triste, bajo la sombra de aquel viejo árbol, mientras el resto de los patos entraban y salían del agua, agitaban sus alas y reían con sonoros *cuacs*. Levantaba su cabeza al cielo y se preguntaba cuál era el motivo de su soledad. Él sabía nadar, bucear, comer gusanos, agitar sus alas... Con la pena de su alma, se durmió.

Unos ruidos raros le despertaron. Era un conejo que mordisqueaba unas briznas de hierba. Mordisqueaba la hierba y hablaba en voz alta:

—No lo entiendo, no lo entiendo, no lo entiendo —y giraba su cabeza como comprobando que nadie se había llevado su preciosa cola—. No lo entiendo, no lo entiendo.

El pato se desperezó y, con paso silencioso, se aproximó al conejo.

—¿Qué es lo que no entiendes? —le preguntó el pato.

El conejo, sorprendido por las palabras del pato, contestó:

—¡Qué susto me has dado! Pensé que eras un cazador.

—No, solo soy un pato. *Cuac*. Y me gustaría saber qué es lo que no entiendes.

—¿Quieres saberlo? Te lo voy a explicar. Ningún conejo quiere jugar conmigo. Se esconden detrás de arbustos, se meten en sus madrigueras. Nadie quiere jugar conmigo. Y no lo entiendo. Soy igual que ellos —razonó el conejo.

—Qué casualidad, a mí me pasa lo mismo —le contestó el pato—. Ninguno de los patos de la laguna quiere ser mi compañero de juegos.

—Pues yo te veo igual que los otros patos: una cabeza, un pico, dos alas, dos patas —argumentó el conejo, algo más alegre al comprobar que había alguien que quería hablar con él.

—Pues yo te veo igual que los otros conejos: una cabeza, dos orejas puntiagudas, cuatro patas y una linda cola. A ver, enséñame tus dientes —le propuso el pato—. También tienes dientes de conejo. No lo entiendo. Eres un conejo como todos los conejos.

Fue entonces cuando un rayo de sol se filtró por las ramas de aquel viejo árbol y los dos amigos quedaron bajo el hermoso sol.

El conejo y el pato, sorprendidos, miraron sus sombras.

—Pero qué ven mis ojos —se extrañó el pato, mirando fijamente la sombra del conejo.

—Pero qué veo —se alarmó el conejo al ver la sombra del pato.

—Tu cuerpo proyecta la sombra de un conejo —dijo el conejo.

—Y tú tienes la sombra de un pato —se sorprendió el pato—. Ya entiendo por qué nadie quiere jugar con nosotros. Tenemos sombras que no nos corresponden.

—Tengo una idea —dijo sonriendo el conejo—. Puede ser la solución a nuestros problemas. Tal vez, si pasamos por el mismo sitio en dirección contraria y nos cruzamos en un punto, justo a la vez, yo me quede con tu sombra, y tú con la mía.

Los dos amigos, como en las películas del Oeste, se aproximaban el uno al otro hasta que, casi rozándose, se cruzaron.

Miraron sus sombras. Y, efectivamente, los dos animales recobraron sus auténticas sombras. Ahora el conejo tenía sombra de conejo. Y el pato tenía sombra de pato. Como debe ser.

Los dos amigos rieron contentos.

El sol, desde lo alto, se peinaba sus muchos rayos. Había un rayo travieso, rebelde, que se mantenía ondulante. El sol le recriminó su comportamiento; el rayo juguetón sonrió por su travesura.

Un alto precio

**nueva versión de una vieja fábula
por F. Isabel Campoy**

El jardín de la casa estaba rodeado por una verja de hierro de altos barrotes pintados de negro. Desde la calle, aquel jardín parecía oscuro y en verdad daba un poco de miedo mirar hacia dentro. Paseando por el interior del jardín había un perro grande, con el pelo limpio y peinado. Estaba bastante más gordo de lo que a lo mejor era bueno para su salud.

El perro callejero que pasaba cerca de la verja se asustó al oír los ladridos de aquel perro gordo y repeinado.

—¿Por qué me ladras? Solo estoy pasando de largo —dijo el perro flaco, mientras se rascaba donde le acababa de picar una pulga.

—Es mi oficio. Debo asustar a todo el que pase para que no se acerque.

—Parece que te va bien en tu oficio. Te deben dar bien de comer.

—Sí, no puedo quejarme. Como tres veces al día.

—¿Tres veces al día? ¡Guau, ya me gustaría a mí comer al menos una vez!

—Pues he oído a mis dueños decir que necesitan a alguien para que cuide el patio de atrás. Si quieres te recomiendo.

El perro flaco se interesó inmediatamente en el puesto. Aquello parecía ser la respuesta a todas sus súplicas de los últimos tiempos. Cada vez le era más difícil encontrar algún tipo de comida. Y las pulgas que habían hecho residencia permanente en su piel lo mortificaban mucho. ¡Cuánto cambiaría su vida si pudiera tener la comida asegurada como aquel perro guardián!

—¿Crees que puedes presentarme ahora a tu amo?

—Me gustaría. Pero no está en casa. No regresa del trabajo hasta mucho más tarde.

—Pero, cuando regrese me presentarás, ¿verdad?

—Sí, por supuesto.

—Entonces, ¿por qué no damos un paseo hasta que regrese? Yo iba camino del parque. A estas horas juegan a la pelota los niños y me encanta verlos jugar. Cuando meten un gol, ladro con fuerza para animarlos. Eso los entusiasma. Y, a veces, hasta me convidan algo.

—¿El parque? Y, ¿está cerca de aquí?

—Pues, claro, me extraña que no lo hayas visto. ¡Ven, anímate, vamos!

—Es que yo no puedo salir…

—¿No puedes salir?

—Solo puedo correr a lo largo del cable…

El perro flaco entonces observó el collar que llevaba el perro gordo. Vio cómo el collar estaba atado a una cadena que terminaba en una argolla que pasaba por un largo cable, de un extremo al otro del jardín.

—¡Ay, amigo! —dijo entonces el perro flaco—. Te agradezco la oferta. Pero yo no cambiaría mi libertad por nada. A mí me encanta correr por la arena de la playa en las mañanas y, ¡cómo me divierto persiguiendo a las gaviotas! Al mediodía voy por el parque y saludo a los ancianos que están sentados tomando el sol.

—Pero, mira lo flaco que estás. Aquí tendrías toda la comida que quisieras.

—Y, ¿has visto tú alguna vez una puesta de sol en el mar? El sol se va hundiendo y hundiendo en el horizonte, y las nubes y el agua se tiñen de color de rosa… No, con toda la comida del mundo nunca sería feliz atado a una cadena. Pero, eso sí, vendré por aquí de vez en cuando y te contaré lo que haya visto.

—Te estaré esperando. Y trataré de guardarte algún hueso.

—Hasta pronto.

—Adiós.

Un encargo
insignificante

por Pedro Pablo Sacristán

El día de los encargos era uno de los más esperados por todos los niños en clase. Tenía lugar durante la primera semana del curso. Ese día cada niño y cada niña recibía un encargo. Debía hacerse responsable de él durante ese año. Como con todas las cosas, había encargos más o menos interesantes.

   Los niños se hacían ilusiones con recibir uno de los mejores. A la hora de repartirlos, la maestra tenía muy en cuenta a los alumnos más responsables. Uno de ellos era Rita, una niña amable y tranquila. Era la favorita para recibir el gran encargo: cuidar del perro de la clase.

Pero aquel año, todos se llevaron una gran sorpresa. Cada uno recibió alguno de los encargos habituales; preparar los libros para las clases, limpiar la pizarra o cuidar alguna de las mascotas. Pero el encargo de Rita fue muy diferente. Recibió una cajita con arena y una hormiga. Según la maestra, era una hormiga muy especial. Sin embargo, Rita se sintió desilusionada.

La mayoría de sus compañeros lo sintió mucho por ella. Comentaban lo injusto de aquel encargo. Pero Rita quería mucho a su maestra. Prefería mostrarle su error haciendo algo especial con aquel encargo tan poco interesante.

—Convertiré este pequeño encargo en algo grande —decía Rita.

Así que Rita investigó sobre su hormiga. Aprendió sobre las distintas especies. Estudió dónde viven y sus costumbres. Adaptó su pequeña cajita para que fuera perfecta. Cuidaba con mimo toda la comida que le daba. Y realmente la hormiga llegó a crecer bastante más de lo esperado...

Un día de primavera, apareció en el aula un señor que parecía importante. La maestra lo recibió con gran alegría.

—Este es el doctor Martínez. Ha venido a contarnos una noticia estupenda, ¿verdad?

—Así es. Tenemos los resultados del concurso. Esta clase me acompañará en el verano a un viaje por la selva tropical. Allí investigaremos los insectos. De todas las escuelas de la región, esta es la que ha sabido cuidar mejor a la delicada hormiga gigante. ¡Felicidades! ¡Serán unos ayudantes estupendos!

   Ese día todo fue fiesta y alegría en el colegio. Todos felicitaban a la maestra por apuntarles al concurso. También felicitaban a Rita por haber sido tan paciente y responsable. Muchos aprendieron que para recibir las tareas más importantes, hay que ser responsable con las más pequeñas. Pero sin duda la que más disfrutó fue Rita. No paraba de repetir para sus adentros *"convertiré ese pequeño encargo en algo grande"*.

La escuela

por Meritxell Martí

La escuela es nuestro segundo hogar. En ella aprendemos muchas cosas. Y también hacemos nuestros primeros amigos.

El aula

En clase aprendemos un montón de cosas interesantes. También hacemos dibujos y manualidades para nuestra familia. Los profesores nos enseñan a comportarnos correctamente.

El comedor

Muchos niños comen en la escuela. Cada día hay algo distinto y rico para comer. Tenemos que portarnos igual que en casa. Debemos lavarnos las manos. Hay que masticar despacio. Debemos hablar sin gritar. Y no debemos levantarnos hasta que hayamos terminado.

El gimnasio

Algunos niños desean que llegue la hora de ir al gimnasio. A otros no les gusta cansarse y dar volteretas. No hay que tener miedo a mover el cuerpo. Es sano y divertido. Y siempre se nos da bien hacer algo.

El laboratorio

¡Qué divertido es hacer experimentos! La ciencia es estupenda. Pero para ser buenos investigadores hay que seguir las indicaciones de los profesores.

La biblioteca

No hay nada que no puedas encontrar en la biblioteca. ¿Cómo se escribe una palabra? Búscala en el diccionario. ¿En qué año nació un personaje? Búscalo en una enciclopedia. ¡Disfruta leyendo tantos libros como imagines!

El aula de música

La música nos acompaña siempre. A todos nos gusta y nos alegra. En la escuela aprendemos a tocar algunos instrumentos. Y también escuchamos obras de los grandes genios.

El patio

¡Por fin llega la hora del patio! Es uno de los mejores momentos del día. Jugamos a todo tipo de juegos. Nos explicamos cosas. Reímos. Y también nos comemos el bocadillo al lado de nuestros compañeros.

Unidad 2

Maestra naturaleza

"Cada paisaje me enseña algo nuevo".

—José Ortega y Gasset

El maíz más preciado

por Elsie Mei

Zea y su mamá se mudaron hace poco al pueblo. Ocuparon la casa con el enorme jardín al final de mi cuadra. La casa llevaba muchos años vacía. Por eso, todos los chicos nos sorprendimos al ver su automóvil celeste estacionar en la puerta.

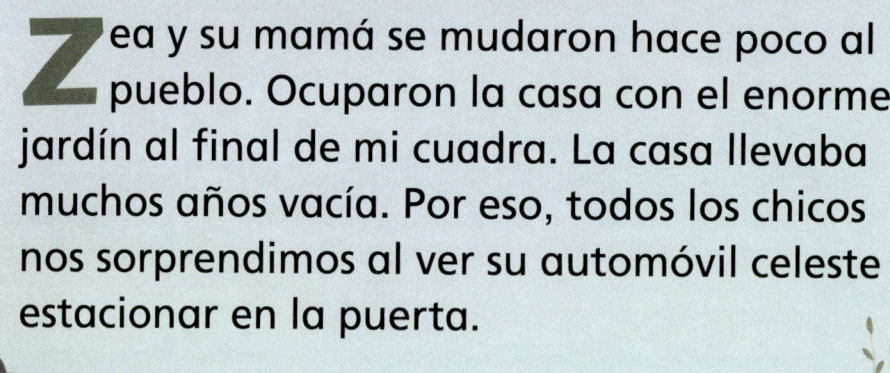

La mamá de Zea, Taína, tenía una hermosa sonrisa. Su piel era dorada, y tenía unos enormes ojos negros. Vino a preparar la casa para cuando llegara su hija. Zea sería mi compañera de escuela el año siguiente.

Taína tenía muchas macetas y herramientas, y hasta una carretilla. Salía muy poco de su casa. Estaba siempre con su sonrisa, y a todos nos daba mucha intriga.

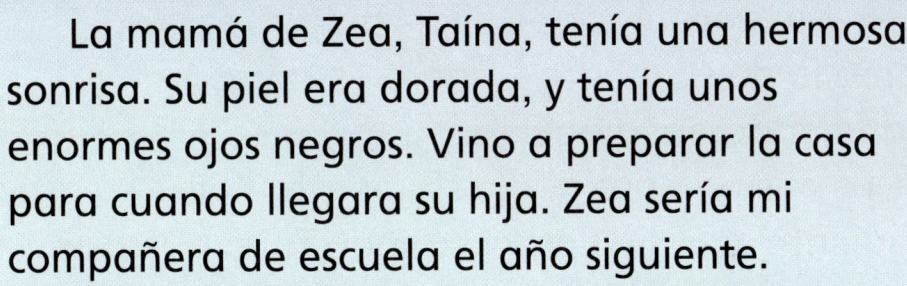

Zea llegó al pueblo aquel verano. Los chicos ya estábamos de vacaciones. Zea tenía unos enormes ojos negros y la piel dorada como su mamá. Al día siguiente, fui a buscarla para ir a jugar.

—Me encantaría —dijo, con una sonrisa como la de su madre—, pero estamos trabajando en la huerta.

Lo mismo pasó al día siguiente. Y al siguiente, y al siguiente, cuando fui a buscarla con mi amigo Luis.

—Realmente debe haber extrañado mucho a su mamá —pensé. En mi casa, solo mis padres se ocupaban de la huerta. Yo prefería jugar. Y además ahora estábamos de vacaciones.

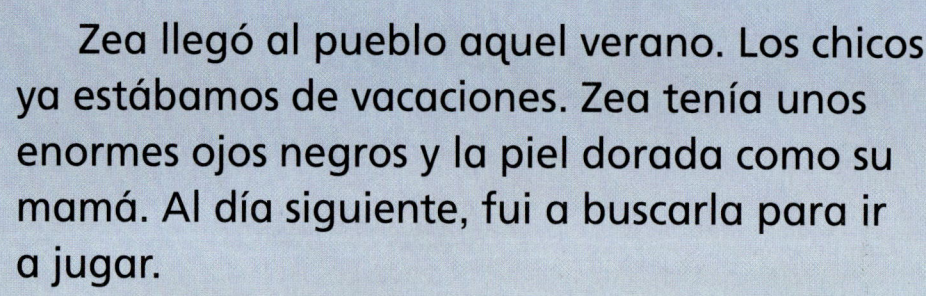

Entonces, invité a Zea a la fiesta anual de la cosecha. Se celebraba en un pueblo cercano. Allí podría conocer a todos los chicos del valle. Los campesinos del valle llevaban sus productos a la feria. A nosotros nos encantaba ver esas relucientes verduras. También se hacía un concurso para elegir el mejor cultivo.

—¡Claro que iremos! —me contestó Zea—. ¡A mi mamá le va a gustar mucho!

El sol estaba radiante el día de la fiesta. La banda del pueblo tocaba una música muy alegre. El presentador nos dio la bienvenida al concurso de cultivo. Los chicos nos acercamos para ver mejor y aplaudir al ganador.

Los mismos participantes de todos los años fueron subiendo al escenario con sus brillantes verduras. Zapallos, zapallitos, zanahorias, repollos y pepinos. Entonces aparecieron Zea y Taína y también subieron al escenario. Traían una cesta con resplandecientes mazorcas doradas, y la sonrisa de siempre en sus caras. Esas mazorcas sin duda habían salido de aquel misterioso jardín en el que tanto trabajaban.

Por supuesto, Zea y Taína ganaron el concurso. Todos estábamos muy sorprendidos y contentos. Para celebrar, nos invitaron a seguir la fiesta en su casa en el pueblo. Y hacia allá fuimos todos, ansiosos.

¡La casa estaba hermosa! Lo más lindo era, por supuesto, el jardín y la huerta. La comida que Taína y Zea prepararon con su maíz estaba deliciosa.

Al terminar de comer, Zea nos entregó a cada niño una bolsita. Tenía granos de maíz dentro. Todos nos miramos sorprendidos. No entendíamos.

—Ahora, todos podrán tener maíz tan sabroso como el nuestro —nos explicó Taína.

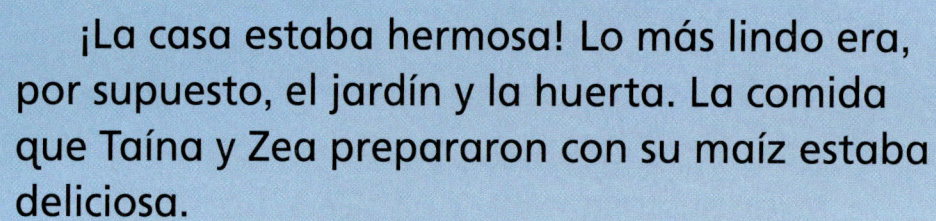

—¡Pero, entonces, ustedes no ganarán el concurso el año próximo! —exclamé yo—. ¿Por qué nos dan sus semillas?

—Bueno, sus huertas también deben tener buen maíz. Así el viento arrastrará polen de buen maíz hasta mi huerta. Yo solo puedo cosechar buen maíz si ustedes también siembran buen maíz.

Todos aprendimos una gran lección en casa de Zea y Taína. Aprendimos a valorar. Aprendimos a compartir. Y también aprendimos a mirar por el bien de toda la comunidad.

Una huerta en casa

por Marilú Fin

¿Sabías que hay mucha gente que tiene una huerta en su casa? No necesitas ser un experto jardinero. Tampoco vivir en el campo ni tener un gran terreno. Cualquiera puede tener su propia huerta en casa. Solo necesitas tener ganas y voluntad. Y también algo de ayuda.

Primeros pasos

Pide ayuda a un adulto para organizar y armar la huerta. Cuanto mejor se coloquen las plantas, ¡más verduras tendrás! Pregunta en un vivero por las plantas que te conviene cultivar. Allí encontrarás también semillas para asegurar una buena cosecha.

¿Qué necesitas?

cajas de madera o de mimbre

plástico para envolver las cajas

una pequeña pala y un rastrillo

una regadera

tierra

semillas de hortalizas u otros vegetales, o de plantas aromáticas

Pasos para crear tu huerta

1. Elige un lugar con mucha luz solar.

2. Usa unos guantes adecuados para no dañar tus manos. Limpia bien la caja y forra el interior con plástico. Haz algunos agujeritos en la parte de abajo. Por ahí saldrá el agua sobrante del riego. Rellena la caja con una capa gruesa de tierra.

3. Con el rastrillo, haz pequeños surcos en la tierra. Pon dentro las semillas. Por último, tapa ligeramente las semillas con tierra. Riega varias veces por semana.

4. En pocos días, empezarán a brotar las hortalizas. ¡Piensa qué nuevas recetas cocinarás con la cosecha!

La leyenda del fuego

por Francisco Alén Freire

Muchos años atrás, nadie conocía el fuego. Ni los animales grandes, ni los pequeños, ni los que vuelan, ni los que nadan. Solo los animales con piel gruesa y pelaje espeso podían pasar cálidos el invierno. Y todos, o casi todos, comían todo crudo.

Algunos animales eran más rápidos que otros. Algunos, más fuertes. Pero ninguno estaba tan seguro de ser el mejor como el Jaguar. Porque el Jaguar tenía un secreto. En una cueva lejana, había encontrado una fogata. Allí cocinaba su comida y se refugiaba en el invierno. Mantenía el fuego siempre encendido y, sobre todo, oculto de todos los demás animales.

Un día, el Jaguar recorría el bosque cuando se encontró con el Oso y le dijo:

—Soy el más fuerte, Oso. Nadie puede ser más fuerte que yo.

Y el Oso le preguntó:

—¿Puedes tirar abajo un árbol, como yo?

El Jaguar trató de derribar un árbol, pero no pudo. Entonces, se alejó diciendo:

—No necesito tirar abajo un árbol. Soy más rápido y más inteligente que tú.

Luego, el Jaguar se encontró con el Zorro y le dijo:

—Soy el más inteligente, Zorro. Nadie puede ser más inteligente que yo.

Entonces, el Zorro le preguntó:

—¿Puedes decirme cuánto es dos más tres?

El Jaguar se quedó pensando un buen rato y luego se alejó diciendo:

—No necesito saber eso. Soy más rápido y más fuerte que tú.

Más tarde, el Jaguar se cruzó con la Liebre y le dijo:

—Liebre, soy el más rápido. Nadie puede ser más rápido que yo.

La Liebre había visto al Jaguar hablando con el Oso y el Zorro. Le respondió:

—No eres más rápido que yo, ni más inteligente que el Zorro, ni más fuerte que el Oso.

—¡Soy mejor que cualquier otro! —gruñó el jaguar, enfurecido—. ¡Solo yo puedo tener calor en el invierno! ¡Solo yo puedo cocinar mi comida! ¡Solo yo sé dónde está el fuego!

—¿Cómo podrías saber eso? El Zorro es más inteligente que tú y no lo sabe.

El Jaguar estaba rojo de ira.

—¡Nadie es más inteligente que yo, ni más rápido, ni más fuerte!

La Liebre entendió que esta era su oportunidad.

—Si me muestras que tienes el fuego, aceptaré que eres el mejor.

—¡No solo te mostraré que tengo el fuego! ¡Llegaré allí antes que tú!

Ambos salieron corriendo tan rápido que dejaron un remolino de tierra y hojas detrás. El Jaguar parecía ser más rápido que la Liebre. Pero la Liebre tenía un plan.

Cuando la cueva con el fuego estuvo a la vista, la Liebre corrió a toda velocidad y pasó al Jaguar. Tomó una rama encendida de la fogata y escapó. El Jaguar, mucho más enojado todavía que antes, gritó:

—¡Ven aquí! ¡Soy el más rápido! ¡Voy a atraparte!

La Liebre, asustada, corrió y corrió tan rápido como pudo.

Pasaron al lado del Zorro y la Liebre encendió una pila de ramitas diciendo:

—¡El fuego, Zorro! Ahora tienes el fuego.

El Zorro, agradecido, se acostó al lado del fuego.

Luego, pasaron al lado del Oso y la Liebre encendió la copa de un árbol caído. Entonces, dijo:

—¡Oso, ahora puedes estar cálido en el invierno!

Y el Oso, agradecido, cocinó su comida.

El Jaguar cada vez se ofuscaba más, pero no podía alcanzar a la Liebre. Corrieron y corrieron por todos lados. La liebre encendía pequeños fueguitos en cada lugar nuevo diciendo:

—¡Ahora pueden cocinar! ¡Ahora pueden estar cálidos en invierno!

Todavía cuentan en todo el mundo que a veces los ven pasar corriendo, y la Liebre no permite que nadie se quede sin el secreto del fuego.

La paca y el escarabajo

Cuento folklórico de Brasil

Un guacamayo hermoso, rojo, azul, dorado y verde observaba cómo un escarabajo marrón se iba deslizando por entre las hojas del piso y el barro de la selva.

—¿Adónde vas, amigo? —le gritó el guacamayo.

—Voy al mar —contestó el escarabajo.

En ese momento pasó una paca corriendo. La paca se detuvo y se rio.

—¿Tú? —gritó la paca—. ¡Tú eres tan lento! Te llevará cien años llegar al mar.

La paca corría en círculos alrededor del escarabajo.

—¡Lástima que no puedas correr tan rápido como yo!

El guacamayo los miró desde arriba.

—No tendrías que alardear, paca. El escarabajo puede llegar hasta donde quiere ir. ¿Por qué no hacen una carrera? Le regalaré un nuevo plumaje al que llegue primero al árbol grande junto al río.

La paca se rio más fuerte.

—¡Eso no es ninguna carrera! —dijo con una risita—. ¡Ya puedes darme el plumaje amarillo y las manchas negras de jaguar ahora mismo!

—Yo quiero correr la carrera —dijo el escarabajo—. Si gano querría tener un plumaje hermoso como el tuyo, guacamayo.

La paca partió a toda velocidad. Luego pensó: "¿Por qué me apuro? Soy mucho más veloz que ese lento escarabajo. Puedo tomarme mi tiempo". Y sonrió pensando en el lindo plumaje que pronto usaría.

Cuando la paca se acercó al árbol, sin embargo, se sorprendió al ver al escarabajo en una rama, esperándola.

La paca quedó con la boca abierta.

—¿Cómo llegaste *tú* ahí? —le gritó.

—Vine volando —contestó el escarabajo con una sonrisa.

—¿Tienes alas? —preguntó la paca.

El guacamayo contestó. —El escarabajo no alardea por sus alas, pero puede usarlas cuando las necesita. El ganador es el escarabajo.

La paca, cabizbaja, se escondió por ahí, con su pelaje marrón de manchas blancas de siempre. El guacamayo le sonrió al escarabajo.

El duro caparazón del escarabajo comenzó a brillar con los colores de las plumas del guacamayo. Desde entonces, el caparazón del escarabajo brilla con los colores del arco iris.

El tiburón blanco

por Marcos Salvador Blanco

El tiburón blanco es el pez cazador más grande de la Tierra. Vive cerca de las costas, donde el agua es más cálida y menos profunda. Cuando nace, mide más de un metro de largo. De adulto, puede medir más de seis metros. ¡Este hermoso pez nunca deja de crecer!

El tiburón blanco es, en realidad, gris con la barriga blanca. Esos colores le ayudan a confundirse con el fondo del mar. Su parte gris puede llegar a ser muy clara. Por eso, a veces, parece blanco.

La boca del tiburón blanco es enorme. Los humanos tenemos 32 dientes y el tiburón ¡tiene más de 200! Son anchos y filosos, con forma de punta de flecha. Cada vez que un tiburón pierde un diente, le sale uno nuevo. ¡Por eso no le preocupa perder montones de dientes cada año!

Su esqueleto es de cartílago, como nuestra nariz y orejas. Su piel es rasposa. Está cubierta de escamas que parecen dientes pequeñitos, por su forma y su filo.

Para poder respirar, el tiburón blanco tiene que moverse todo el tiempo. ¡Por eso nada hasta cuando duerme! Respira con las branquias. Como todos los peces, tiene las branquias a los lados del cuerpo. Las branquias se ven como cortes a los costados del cuerpo.

El tiburón blanco es un animal muy inteligente y curioso. Además, tiene un gran olfato. Puede sentir olores a muchos kilómetros de distancia.

Las hembras de tiburón guardan los huevos dentro de su cuerpo hasta que las crías nacen. Las crías crecen despacito. Y es que los tiburones blancos tienen mucho tiempo para crecer. ¡Pueden vivir más de 70 años!

El tiburón blanco es un gran cazador. Cuando encuentra alimento, nada algunos metros por debajo antes de atacar. Luego avanza hacia arriba muy rápido, impulsándose con la cola.

Aunque las películas lo muestren muy peligroso, el tiburón blanco rara vez ataca a los seres humanos.

El tiburón blanco prefiere como alimento focas, ballenas y otros animales marinos. Su mordida es veinte veces más fuerte que la nuestra.

Por desgracia, el tiburón blanco está en peligro de desaparecer. Lo pescan por deporte o para vender sus aletas. Sus grandes enemigos son las redes de pescadores. Algunos países tienen zonas donde se cuida y protege a este valioso animal.

Los arrecifes de coral

por Pablo Ernesto Flores

¿Has visto alguna vez un arrecife de coral? ¿A que parecen rocas? En realidad son miles de pequeños animales llamados corales. Los arrecifes de coral son el hogar de muchas especies marinas.

Los corales son los habitantes más antiguos del fondo del mar. Viven en aguas cálidas y poco profundas. Con sus esqueletos y sus desechos crean hermosas y curiosas formas.

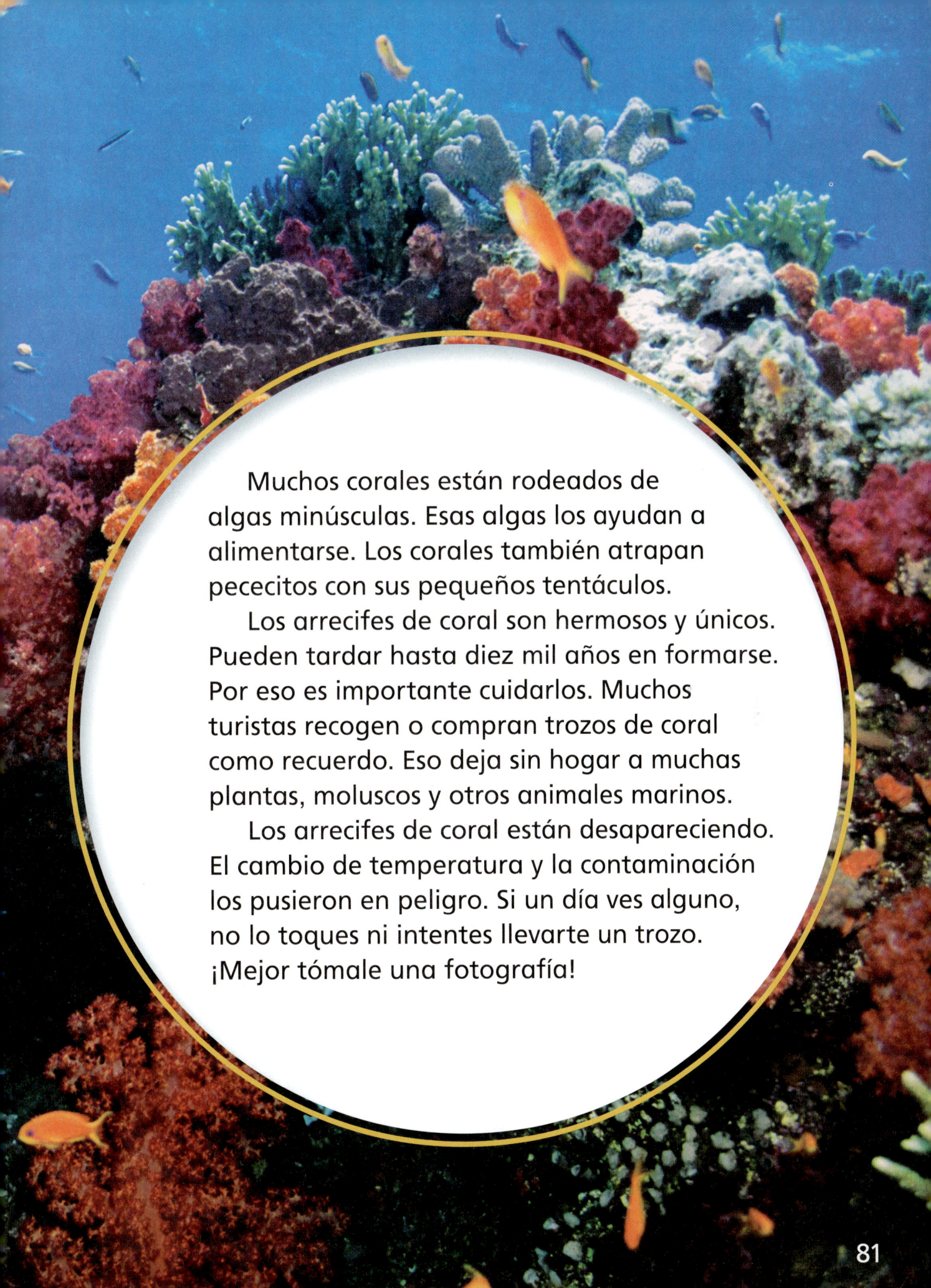

Muchos corales están rodeados de algas minúsculas. Esas algas los ayudan a alimentarse. Los corales también atrapan pececitos con sus pequeños tentáculos.

Los arrecifes de coral son hermosos y únicos. Pueden tardar hasta diez mil años en formarse. Por eso es importante cuidarlos. Muchos turistas recogen o compran trozos de coral como recuerdo. Eso deja sin hogar a muchas plantas, moluscos y otros animales marinos.

Los arrecifes de coral están desapareciendo. El cambio de temperatura y la contaminación los pusieron en peligro. Si un día ves alguno, no lo toques ni intentes llevarte un trozo. ¡Mejor tómale una fotografía!

¿Qué cosas interesantes podemos aprender de los demás?

Coméntalo

Unidad 3

¡Cuéntamelo!

> "El que lee mucho y anda mucho, ve mucho y sabe mucho".
>
> —Miguel de Cervantes

La música

por Marcos Salvador Blanco

Seguramente no lo recuerdas, pero ya desde la panza de mamá escuchamos música. Antes de nacer, escuchamos la música de nuestras casas. En casa nos cantan canciones para dormir. Antes de aprender a hablar, ¡ya nos gusta la música!

La música es una combinación agradable de sonidos y silencios. Si golpeas la mesa con una cuchara sin pensar, hará ruido. Pero si prestas atención y eliges cuándo golpear, estarás haciendo música.

La música está en todas partes. El canto de los pájaros. El sonido del tren. El ruido del mar. El murmullo del agua. Solo tenemos que prestar atención y escucharla. Hay muchos estilos distintos y cada uno provoca emociones distintas. Algunas canciones nos traen recuerdos. Otras nos hacen sentir alegres o tristes. Otras nos enojan o nos hacen pensar. Y no siempre tenemos ganas de escuchar la misma música. ¡Tampoco queremos siempre comer lo mismo!

En todos los lugares del mundo hay música. A lo mejor no entendemos el idioma en el que se está cantando, pero nos emocionamos de todos modos. Algunas canciones tienen letra. Son como una poesía con música. Otras, en cambio, solo tienen melodía.

Las personas con problemas de oído también pueden disfrutar de la música a través de las vibraciones. Esas vibraciones nos dan ganas de dar palmas, golpecitos con el pie, o bailar. Cuando bailamos nos sentimos contentos. Nos ejercitamos y nos divertimos. La música nos enseña a compartir y a expresar nuestros sentimientos, ya sea interpretándola o escuchándola.

Tocar un instrumento musical es otra forma de comunicarnos. A través de las melodías podemos decir a los demás que estamos alegres, tristes, enojados, o cualquier otra cosa.

Muchas personas piensan que los instrumentos musicales son costosos. Pero todos tenemos uno: nuestra voz. Nuestras cuerdas vocales pueden sonar tan bien como un piano o una guitarra. Solo debemos aprender a utilizarlas con paciencia y dedicación.

Cada lugar del mundo interpreta su propia música con instrumentos musicales específicos. Se transmite de padres a hijos, y nos cuenta sobre el lugar y el modo de vivir a través de su melodía y sus letras.

La música nos cuenta historias. Nos muestra emociones. Nos conecta con otras personas. En las reuniones familiares o sociales, a menudo nos unimos todos en un baile casi sin darnos cuenta. Algunas personas prefieren permanecer quietas solo escuchando. Otros incluso cierran los ojos. Cada quien disfruta de la música a su manera.

¡Cualquiera puede ser músico! Pero hay que trabajar duro para ello. Puedes elegir entre diferentes instrumentos. Hay instrumentos de viento (como la flauta), de cuerda (como la guitarra) y de percusión (como la batería). Cuanto más practiques, más divertido será. Con paciencia podrás tocar muy bien las canciones que te gustan. Luego de un tiempo, incluso podrás dar un concierto.

Cuando des tu primer concierto, verás cómo tantas horas de práctica valieron la pena. Tal vez te sentirás nervioso al principio. Todos tus amigos y familiares estarán mirándote. Pero el aplauso final te hará sentir muy feliz.

O quizás prefieras disfrutar la música escuchándola. Te emocionarás oyendo música interpretada por otras personas. Sea como sea, la música está ahí, esperando que la disfrutes.

Estaba la rana

Estaba la rana sentada
cantando debajo del agua…
¡Agua!
Cuando la rana se puso a cantar,
vino la mosca y la hizo callar.

La mosca a la rana
que estaba sentada
cantando debajo del agua…
¡Agua!
Cuando la mosca se puso a cantar,
vino la araña y la hizo callar.

La araña a la mosca,
la mosca a la rana
que estaba sentada
cantando debajo del agua…
¡Agua!
Cuando la araña se puso a cantar,
vino el ratón y la hizo callar.

El ratón a la araña,
la araña a la mosca,
la mosca a la rana
que estaba sentada
cantando debajo del agua…
¡Agua!
Cuando el ratón se puso a cantar,
vino el gato y lo hizo callar.

Louis Braille

por Mora Hynes

Louis deseaba aprender. Quería conocer el mundo. Pero sus ojos no podían ver. Gran parte del conocimiento se encuentra en los libros, y él no los podía leer. Por eso, decidió resolver este problema. Quería que todas las personas como él pudieran leer.

Louis Braille nació en 1809 cerca de París, Francia. Su padre tenía un taller con muchas herramientas afiladas. Las usaba para cortar y hacer agujeros en el cuero. A los tres años, mientras jugaba con una de esas herramientas, Louis se lastimó el ojo derecho. La herida se infectó y Louis perdió la visión en los dos ojos.

Los primeros días en la oscuridad fueron muy duros. Pero Louis pronto se adaptó. Incluso pudo continuar con sus estudios. Louis era un niño inteligente y muy ingenioso. Su escuela no podía ayudarle a aprender. Por eso, se marchó a una escuela especial en París.

Lo que más quería Louis era leer. Por eso, le preguntó a un profesor por los libros para ciegos. En la escuela había catorce libros con letras enormes en relieve. Pero la lectura se hacía demasiado lenta. Cuando terminaba, Louis ya no recordaba lo que había leído.

Louis tuvo una idea. Decidió encontrar una manera de facilitar la lectura.

Louis oyó hablar de un código creado por un militar llamado Barbier. Los oficiales del ejército usaban ese sistema para enviar mensajes a sus soldados. Los soldados podían leer los mensajes a oscuras. Así, el enemigo no los descubría. Este sistema empezó a usarse en el instituto donde estudiaba Louis.

El código de Barbier ayudó mucho. Pero la lectura todavía era demasiado lenta. Louis sabía que podía mejorarlo. Estudió ese código día y noche. Si no podía utilizar los ojos, leería usando los dedos.

Finalmente, Louis creó una técnica que usaba seis puntos en relieve. Colocados de cierta manera, esos puntos representaban las letras del alfabeto. Para marcarlos por primera vez, Louis utilizó una herramienta del taller de su papá.

Este sistema se conoció como el código Braille. El código también se usó en la música. De esta forma, las personas que no veían podían igualmente tocar cualquier instrumento musical. Con algunos cambios, el código también se usó en las matemáticas y las ciencias.

Hoy en día, podemos encontrar este sistema en billetes, elevadores o teclados de teléfono. Algunas impresoras incluso convierten cualquier texto al código Braille.

Y así, gracias a Louis, las personas que no pueden ver el mundo con la vista pueden descubrirlo con el tacto.

Hablar con las manos
por Ana di Mare

¿Qué haces cuando quieres decir algo? Seguramente usas sonidos. Pero ¿y si estás en un país donde se habla otro idioma? En vez de sonidos usarás gestos. El gesto para decir *no* es mover la cabeza de lado a lado. El gesto para decir *sí* es mover la cabeza de arriba abajo.

Muchas personas no pueden oír los sonidos. Para hablar, usan la lengua de signos. Esta lengua usa expresiones de la cara, movimientos del cuerpo y gestos de las manos. Así se comunican frases, ideas o sentimientos.

Algunos gestos de la lengua de signos son muy conocidos. De hecho, los usamos casi a diario. Por ejemplo, para decir *hola* movemos la mano abierta de un lado a otro. Y para pedir silencio colocamos un dedo sobre nuestros labios. ¡Pero la lengua de signos tiene muchos otros gestos desconocidos!

Para todo lo que nos rodea hay un gesto particular. Los colores, los meses, los alimentos, la ropa. También las letras tienen sus propios gestos. Estos gestos son diferentes para cada idioma. De esta manera, las personas sordas pueden hablar con los demás.

Si quieres, tú también puedes comunicarte con la lengua de signos. Puedes aprender en una escuela especial. ¡Y así podrás hacer más amigos!

Tiempo Mateo

por Lamar Ordenario

En una casa pequeña y muy agradable vivían Mateo y sus padres: Josefina y Pedro. Mateo era un niño tranquilo y obediente. Pero Josefina y Pedro estaban un poco preocupados. Mateo hacía todo a destiempo. O, mejor dicho, hacía todo en "Tiempo Mateo".

La primera vez que notaron el Tiempo Mateo fue cuando cumplió siete años. Ese día, Josefina preparó un pastel. Mientras el pastel se cocinaba, ella se fue a preparar los gorritos y dulces para la fiesta. Al salir de la cocina, dijo:

—Hijo, cuando el pastel esté listo sonará una campana. Avísame cuando la oigas. Yo estaré muy lejos para escucharla y el pastel puede quemarse.

—De acuerdo, mamá, yo te avisaré —respondió Mateo. Y se sentó a jugar con sus autitos.

La campana sonó y sonó, pero Mateo no se levantaba. A los diez minutos, caminó hasta donde estaba su madre y le dijo:

—La campana, mamá.

Josefina corrió a la cocina. La encontró llena de humo. Abrió el horno y vio que el pastel estaba completamente negro.

Otro día, Mateo estaba jugando en la sala. Mientras tanto, sus padres tomaban el té y charlaban.

—Papá, ¿puedo jugar en el patio? —preguntó Mateo.

Su padre respondió:

—Sí, pero ten cuidado porque está por llover. Cuando veas la primera gota, entra enseguida o te embarrarás todo.

Mateo subió a su habitación para buscar sus juguetes.

Para cuando Mateo terminó de escoger los juguetes, ya estaba lloviendo. Apenas cruzó la puerta, se hundió hasta los tobillos en un charco. Volvió a entrar corriendo, se resbaló y cayó al piso. Salpicó barro por todas partes.

Después de comprobar que su hijo estaba bien, Pedro le dijo:

—¿No viste que ya estaba lloviendo?

—Estaba pensando en mis juguetes. La primera gota que vi ¡ya estaba acompañada de mil gotas más!

Esa noche, Josefina y Pedro decidieron que debían enseñarle a Mateo a obedecer a tiempo. Pero como Mateo estaba siempre distraído, decírselo no era suficiente. Tenían que mostrárselo. Así que se les ocurrió un plan.

A la mañana siguiente, durante el desayuno, Josefina dijo:

—Hijo, hoy es domingo y vamos a estar todo el día juntos. Queremos explicarte por qué es importante que nos escuches cuando te pedimos algo.

—¡Y que lo hagas en el momento! —agregó Pedro—. Hoy, tú dirás qué hacemos y a dónde vamos.

Mateo saltó de alegría. Ya estaba pensando en todas las cosas que podrían hacer. ¡Cuánto se divertirían!

—¡Bien! —dijo—. ¡Lo primero que haremos es ir al parque!

Sus padres siguieron desayunando.

—¡Vamos! —dijo Mateo—. ¡Quiero ir a los columpios!

—De acuerdo, vamos —dijeron Josefina y Pedro al mismo tiempo. Pero no se movieron de sus lugares. Varios minutos después, se levantaron. Mateo estaba nervioso. ¡Ya era muy tarde!

Cuando llegaron al parque, todos los columpios estaban ocupados. Frustrado, Mateo dijo:

—¡Qué lástima que no llegamos antes!

Entonces, Mateo propuso ir a la heladería. Pidió un helado de chocolate, su sabor favorito. Pero Pedro dejó el helado sobre el mostrador.

—Vamos, papá. ¡Quiero tomar helado! —dijo Mateo.

—¡Claro que sí! —respondió su padre. Pero no se lo alcanzó. Cuando finalmente se lo dio, estaba derretido. Mateo miró a su padre, desilusionado.

En ese momento, Josefina le alcanzó otro helado y le dijo:
—Espero que ahora entiendas por qué es importante hacer las cosas cuando te lo pedimos. La mayoría de las situaciones son como un helado. Si no las atendemos a tiempo, se echan a perder.

Poemas tradicionales

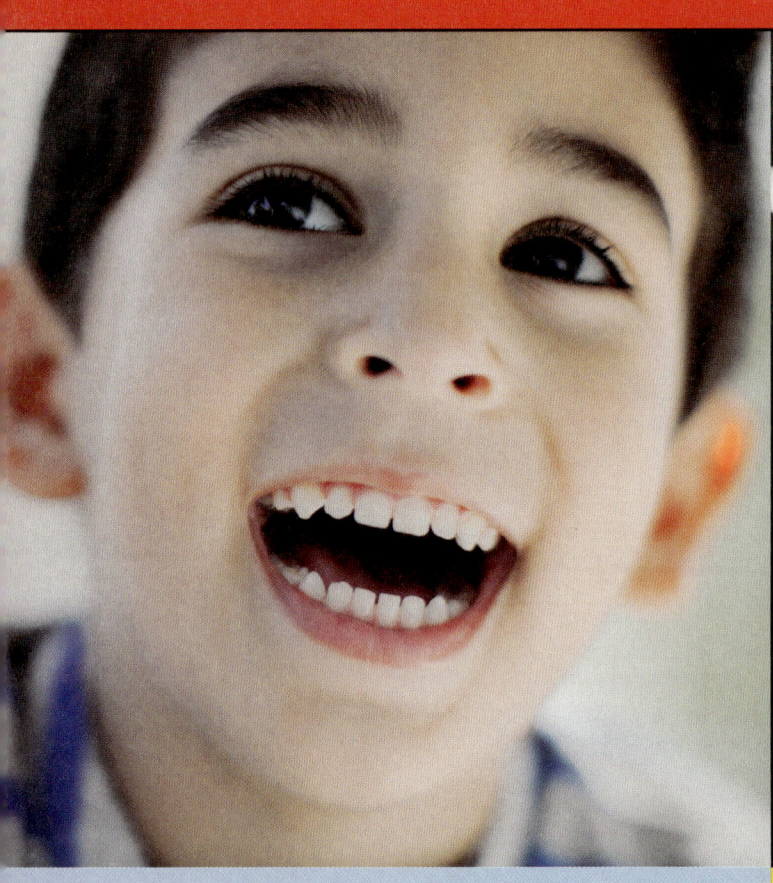 

La voz del niño

La voz de este niño mío
es la voz que yo más quiero;
parece de campanita
hecha a mano de platero.

Las palomitas del campo

Las palomitas del campo
nacieron para volar.
Mi corazón nació libre
y alegre para cantar.

Los pollitos dicen

Los pollitos dicen: pío, pío, pío
cuando tienen hambre,
cuando tienen frío.
La gallina busca
el maíz y el trigo,
les da la comida
y les presta abrigo.
Bajo sus dos alas,
acurrucaditos,
hasta el otro día,
duermen los pollitos.

El ratón y el gato

Estaba una vez un gato
comiéndose una sardina.
Y un ratón lo contemplaba
asomándose a una esquina.

De repente, al pobre gato,
se le atraganta una espina.
Y el ratón al ver el caso
hacia el gato se encamina.

Y con unos alicates
logra sacarle la espina.

El burro enfermo

A mi burro, a mi burro
le duele la cabeza,
el médico le ha puesto
una corbata negra.

A mi burro, a mi burro
le duele la garganta,
el médico le ha puesto
una corbata blanca.

A mi burro, a mi burro
le duelen las orejas,
el médico le ha puesto
una corbata negra.

A mi burro, a mi burro
le duelen las pezuñas,
el médico le ha puesto
emplasto de lechuga.

A mi burro, a mi burro
le duele el corazón,
el médico le ha dado
jarabe de limón.

A mi burro, a mi burro
ya no le duele nada,
el médico le ha dado
jarabe de manzana.

Héroes y ayudantes

> "Haz el bien sin mirar a quién".
>
> —*Dicho popular*

¡Quiero ayudar!

por Alma Flor Ada

Todos estaban muy ocupados. Corrían apresurados preparándose para la celebración del Cinco de Mayo. Los niños eran los más entusiasmados. Su familia había alquilado una balsa e iban a tener un picnic en el río San Antonio.

De la cocina salían olores deliciosos. La música llenaba la casa, invitando a los pies a moverse a su ritmo, y por todas partes había flores de papel y cintas de colores brillantes. Por eso, no era de extrañar que a Elena se le olvidara cerrar la jaula de Perico después de darle de comer.

—Mira, Mami. Perico también quiere celebrar el Cinco de Mayo —dijo Martita cuando vio al loro batir sus alas en la cocina.

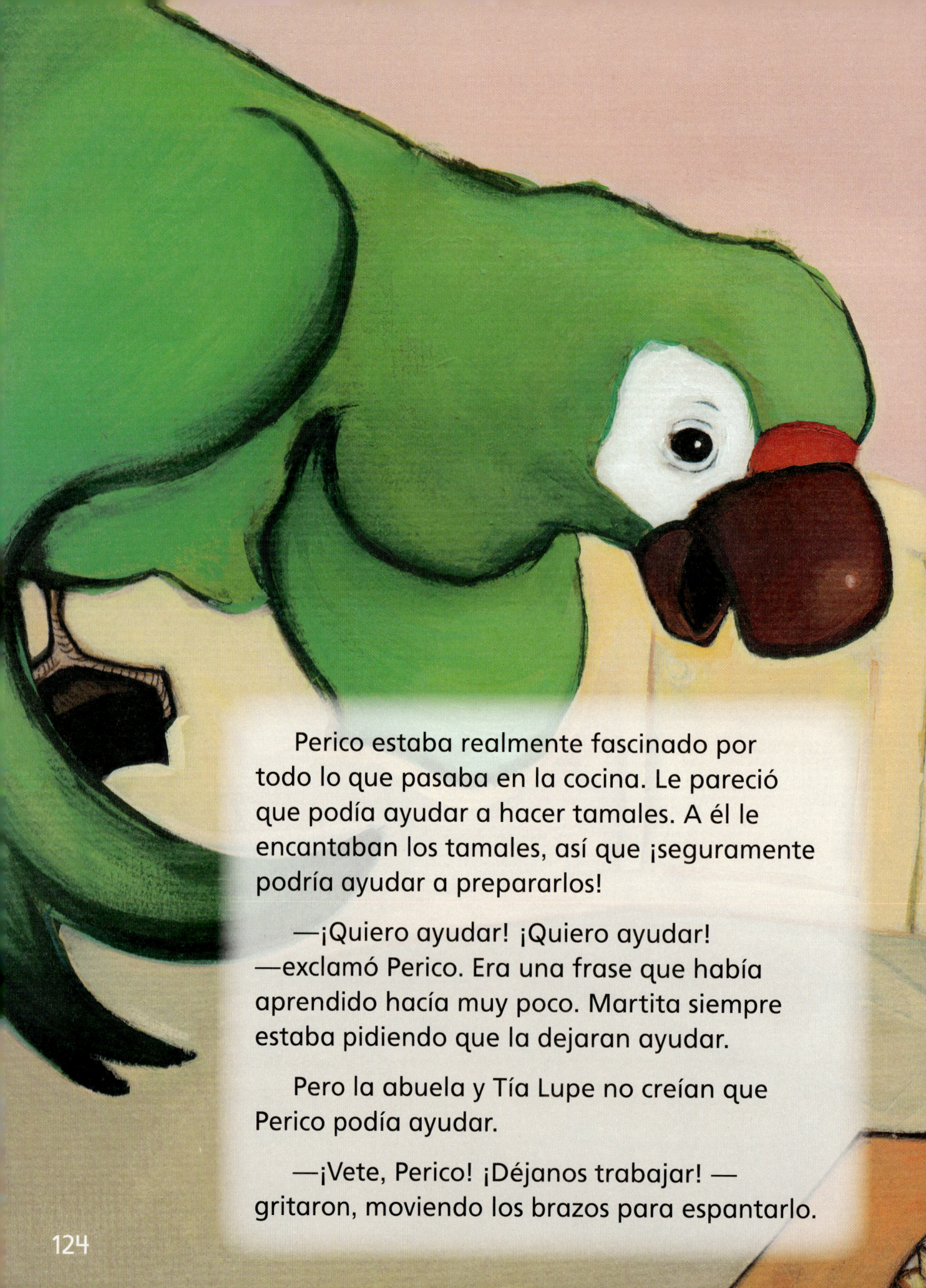

Perico estaba realmente fascinado por todo lo que pasaba en la cocina. Le pareció que podía ayudar a hacer tamales. A él le encantaban los tamales, así que ¡seguramente podría ayudar a prepararlos!

—¡Quiero ayudar! ¡Quiero ayudar! —exclamó Perico. Era una frase que había aprendido hacía muy poco. Martita siempre estaba pidiendo que la dejaran ayudar.

Pero la abuela y Tía Lupe no creían que Perico podía ayudar.

—¡Vete, Perico! ¡Déjanos trabajar! —gritaron, moviendo los brazos para espantarlo.

Elena y su madre estaban en la sala haciendo flores de papel de muchos colores. Las bonitas flores hicieron recordar a Perico los colores brillantes de la selva. Seguramente podría ayudar a hacer las flores de colores.

—¡Quiero ayudar! ¡Quiero ayudar! —exclamó Perico. Pero Elena y su mamá no estaban de acuerdo.

—¡Vete, Perico! ¡Déjanos trabajar! —le dijeron y lo ahuyentaron para que se fuera.

Lupita y Carmen estaban en su cuarto arreglándose para el baile folklórico. Las cintas brillantes que tía Alicia trenzaba en el pelo de las niñas le recordaron a Perico las mariposas que revoloteaban como flores aladas en la selva. Seguramente, él podría ayudarlas a alistarse.

—¡Quiero ayudar! ¡Quiero ayudar! —exclamó Perico. Pero tía Alicia quería concentrarse en lo que estaba haciendo.

—¡Vete, Perico! ¡Déjame trabajar! —le gritó.

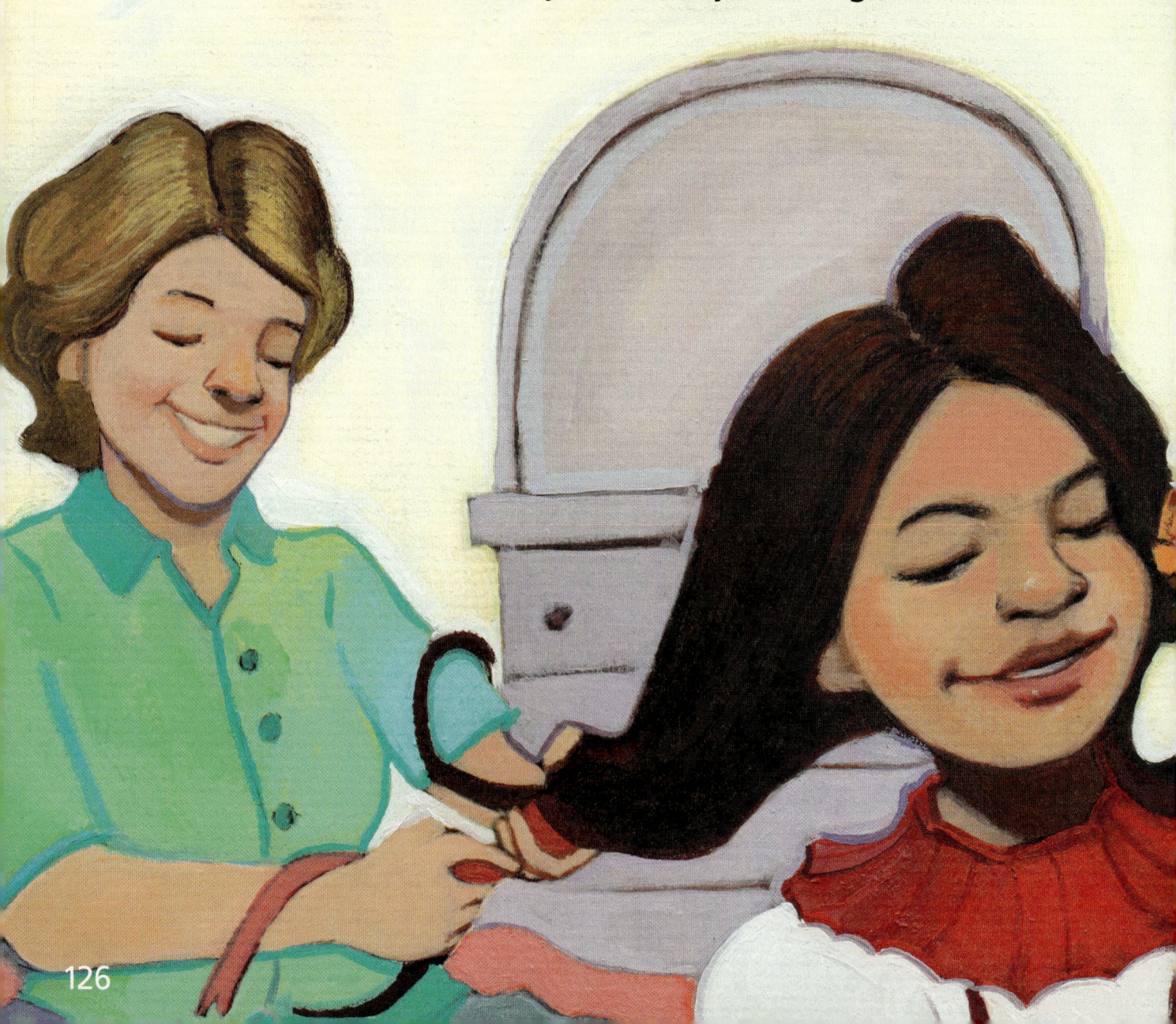

Antonio y Francisco estaban en la veranda practicando en sus trompetas la pieza de música mariachi que tocarían. El sonido le recordó a Perico los gritos de los tucanes. Seguramente podría ayudarlos a practicar.

—¡Quiero ayudar! ¡Quiero ayudar! —exclamó Perico.

Pero Antonio y Francisco no querían ruido alguno mientras practicaban.

—¡Vete, Perico! ¡Déjanos trabajar! —le contestaron impacientes.

Perico se fue volando por la calle. ¡Qué olor delicioso salía de la panadería! Don Martín sacaba hornadas tras hornadas de pan dulce.

—¡Quiero ayudar! ¡Quiero ayudar! —exclamó Perico.

—¡Vete! ¡Vete! —gritó don Martín. No quería tener un perico en su panadería ni plumas en el pan dulce.

Perico voló sobre la ciudad. Había celebraciones por todas partes. La gente se deslizaba sobre el río en balsas hermosamente decoradas. Era como si todas las flores de la selva estuvieran flotando en el río. Fascinado, Perico decidió posarse sobre un puente a mirar.

Justo entonces vio la balsa de su familia acercarse lentamente por el río. Era más grande y alta que las demás. Pero como el adorno en la parte superior era demasiado alto para pasar bajo el puente, chocó contra el arco y cayó al agua.

—¡Ay, qué pena! ¡Nuestra hermosa balsa! —dijo afligida la familia de Perico.

Perico miró la balsa. ¡Por fin podría ayudar!

Perico voló hacia la balsa y se posó sobre las flores que coronaban su alegre decoración. Se veía realmente perfecto.

Martita levantó la vista y exclamó:

—¡Mamá! ¡Mira! ¡Perico encontró el modo de ayudar!

Al oír a Martita, todos miraron hacia arriba... su mamá y su abuela, Antonio y Francisco, Lupita y Carmen, y tía Lupe y tía Alicia.

Todos gritaron alegremente: —¡Bravo!

Perico saludó con la cabeza, meciéndose al compás de la música de los mariachis mientras la balsa seguía bajando lentamente por el río. Había encontrado el mejor modo de ayudar. No era imitar lo que otros hacían, sino hacer aquello que nadie más podía hacer. Y lo hizo simplemente siendo él mismo.

Todas las buenas manos

por F. Isabel Campoy

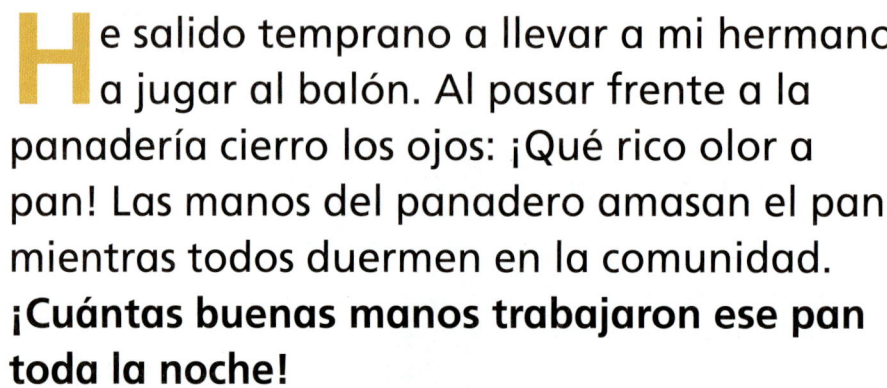

He salido temprano a llevar a mi hermano a jugar al balón. Al pasar frente a la panadería cierro los ojos: ¡Qué rico olor a pan! Las manos del panadero amasan el pan mientras todos duermen en la comunidad. **¡Cuántas buenas manos trabajaron ese pan toda la noche!**

Desde el quiosco de periódicos alguien grita: ¡Noticias! ¡Noticias! Los periódicos vuelan sobre la verja trayendo noticias de lejos, de cerca. **¡Cuántas buenas manos escribieron esas noticias toda la noche!**

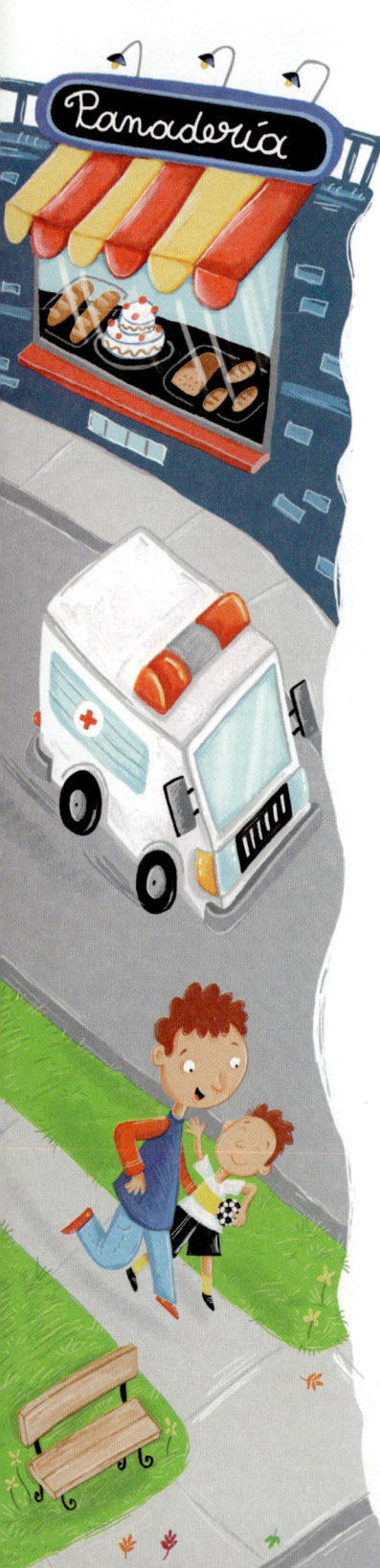

Paramos en un semáforo mientras pasa el tráfico: Guirnaldas de flores, frutas de mil colores nos traen desde el campo en grandes camiones los agricultores. **¡Cuántas buenas manos conducen esos camiones toda la noche!**

Pasa una ambulancia y recuerdo a mi amigo. Enrique está enfermo. ¿Qué le pasará? Su mamá lo abriga, lo abraza y lo lleva al hospital. Médicos y enfermeras lo cuidarán. **¡Cuántas buenas manos trabajan en hospitales toda la noche!**

Pasa un camión con pescado. ¿Cuántas manos ayudan a traernos pescado desde el mar? Manos que pescan, manos que remiendan redes, manos que vienen y van. **¡Cuántas buenas manos trabajan cerca del mar toda la noche!**

Pasa un autobús. Sentada, de pie, va la gente de aquí para allá. Hombres y mujeres, ¿a quién ayudarán? **¡Cuántas buenas manos descansaron toda la noche!**

Pasa mi vecina –que es ciega– con su perra. Zara es una perra muy especial, mira bien la calle antes de cruzar. Zara cuida a su dueña, que la quiere y la mima, y juntas van siempre a trabajar. **¡Cuántas buenas manos –y patas– trabajan todo el día!**

Miro a mi hermano y pienso cuántas manos se necesitan para que funcione bien una ciudad. Y pienso en las mías, ¿las mías, qué harán?

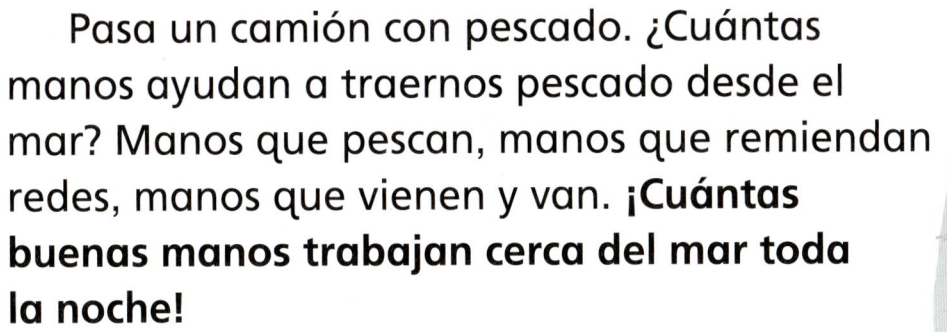

Gabriela Mistral,
la poeta de los niños

por Ailén Espino

En medio del desierto de Chile existe un hermoso lugar llamado el Valle del Elqui. Por allí corre un río azul donde la gente se refresca del calor. También hay muchas plantas con flores y frutas. Un poco más lejos, se ven las altas montañas de los Andes.

En un pueblito del Valle del Elqui vivía una niña llamada Gabriela Mistral. En realidad su nombre era otro, pero a ella le gustaba mucho el nombre "Gabriela". Por eso, ella decidió que la llamaran así.

A Gabriela le encantaba salir a jugar en el valle. Le gustaba mucho la naturaleza. A veces se divertía imaginándose cosas. Se imaginaba que la luna era como un fantasma. Que las montañas cuidaban de ella y de su familia.

Gabriela vivía en una casita muy humilde, y amaba mucho su pueblo. Todas las noches, su mamá le cantaba canciones de cuna. Esas canciones hablaban de los pájaros, las frutas y los animales del campo.

Su hermana Emelina era maestra. Junto a ella, Gabriela descubrió los libros.

—Cuando sea grande seré maestra y poeta —se decía.

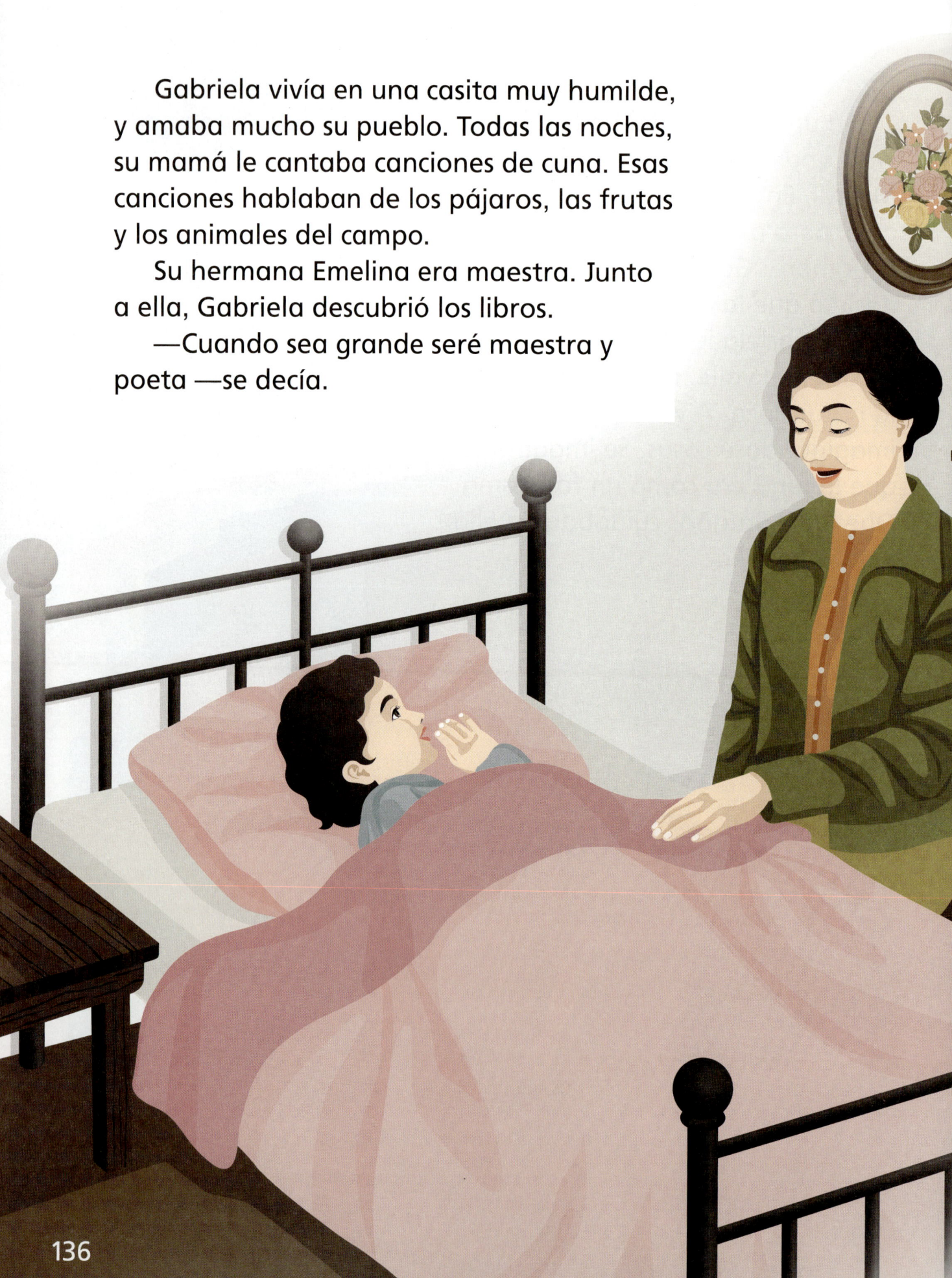

Gabriela casi no fue a la escuela, pero aprendió mucho de la naturaleza y de los libros. Quería ser maestra, como su hermana. Y quería enseñar todo lo que sabía a otros niños. También quería ser poeta para inventar nuevas canciones de cuna. Los poemas son canciones que se cantan con palabras. Ella quería inventar canciones como esas. ¡Quería escribir poemas sobre lo lindo que era su pueblo!

Los años pasaron. Un día, Gabriela se fue de viaje por su país. Trabajó como maestra en muchos pueblos y ciudades. Mientras viajaba empezó a escribir hermosos versos. Versos sobre todos los lugares que iba conociendo. Estos versos eran muy dulces y gustaron mucho a la gente. Gabriela empezó a volverse famosa, pero era muy tímida. Tan tímida era que, la primera vez que ganó un premio por sus poemas, le dio vergüenza ir a buscarlo.

El mar danzará con mil olas.

la nieve, ¡mirémosla caer!

Gabriela se convirtió en una poeta maravillosa y también en la mejor de todas las maestras. Amaba a los niños. Amaba enseñarles cosas nuevas y escribir poemas para ellos. Ella no tenía hijos, pero se sentía un poquito la mamá de todos. De muchísimos países le pedían:

—Señorita Mistral, venga a dar clases a nuestros niños.

Entonces, Gabriela cruzó las altas montañas de los Andes y se fue a ser maestra de los niños de todo el mundo. Gabriela pasó muchos años lejos de casa. Conoció muchas ciudades y vivió en muchos países. Sin embargo, nunca se olvidó de su querido pueblo.

Un día, un hombre tocó a su puerta. Venía a traerle una gran noticia. ¡Había ganado el Premio Nobel de Literatura! Gabriela no lo podía creer:

—¿A mí van a darme un premio tan importante? ¡Pero si yo soy solo una humilde maestra! —se decía.

Y es que el Nobel es el premio más importante que una persona puede recibir por sus cuentos, novelas o poemas. Ella no lo podía creer, pero de verdad lo había ganado. A los niños y adultos de todas partes les gustaban muchísimo sus poemas. Por eso, ese año se había decidido darle el premio a ella.

¡Gabriela estaba muy contenta! Hizo sus maletas y fue a buscar el premio. Muchísimas personas la felicitaron. Cuando vio a toda esa gente que la aplaudía, Gabriela se puso un poquito colorada.

Después de eso, Gabriela ganó muchos otros premios. Siguió viajando por el mundo. Al final, decidió quedarse a vivir en Nueva York. Gabriela era una persona muy feliz. Pero ni siquiera entonces, que era famosa y vivía en una ciudad grande, se olvidaba de su pueblo o de sus juegos en el valle. A veces pensaba que, en realidad, nunca había dejado de ser una niña.

Yo soy poeta

por F. Isabel Campoy

Yo puedo ser poeta.
Puedo hacerle poesías
a una hormiga
y a un tren,
a un avión
o a las mariposas.
Las escribo divertidas
amorosas y valientes
porque ser poeta
es usar la palabra
como trompeta.

Huellas en caminos blancos

por Marilú Finn

Cuando Tomás bajó del auto, su tía Ana lo esperaba con una gran sonrisa. Tenía la cara envuelta entre la bufanda y el gorro.

La tía de Tomás vive en Santa Cruz, un lugar que queda casi en la punta de Argentina.

Ella es guardaparque. Los guardaparques cuidan los espacios naturales y a los animales que viven allí. La tía Ana trabaja en el Parque Nacional Los Glaciares.

Tomás había viajado en avión con su prima mayor hasta la ciudad. Luego, Manuel, otro guardaparque, lo había llevado en auto a encontrarse con su tía.

Había sido toda una aventura, y ya estaba cansado de viajar. Tomás era muy simpático y charlatán, así que se pasó todo el viaje hablando. El paisaje nevado le daba frío. Pensó que tal vez estaría mejor en su casa en Buenos Aires, donde podría estar disfrutando del calor del verano. Después de despedirse de Manuel, la tía Ana avisó a los padres de Tomás que había llegado bien.

Luego, le dio a Tomás un regalo que había hecho con sus propias manos. Era un hermoso gorro tejido, color naranja, con un pompón verde en la punta y muy calentito. Tomás se lo puso inmediatamente.

Hacía frío, y se veían las montañas blancas a lo lejos. Eran realmente preciosas. Ya no pensaba tanto en el frío.

Mientras armaban la tienda de campaña, Tomás preguntó:

—Tía, ¿por aquí hay un parque de diversiones para autos?

—¡Qué divertido sería! —dijo la tía Ana—. Pero no, no hay nada de eso por aquí. ¿Por qué lo preguntas?

—Cuando venía con Manuel en el auto, vi un cartel amarillo con un automóvil cayéndose por un tobogán.

La tía Ana se rió porque pensó que era una idea muy loca.

—Ese cartel avisa que el camino es peligroso para los autos. Está muy empinado —explicó la tía.

Cuando terminaron de armar la tienda, el sol ya comenzaba a ocultarse. Eso quería decir que estaba llegando la noche. Tomás y su tía organizaron la cena: ella prendería el fuego y él la ayudaría juntando algunas ramitas.

Cuando se hizo de noche, la tía encendió una lámpara que funcionaba con luz solar.

—Menos mal que no llovió, tía. Si no, íbamos a cenar a oscuras.

—¡Siempre tan exagerado, Tomás!

Mientras tomaban una riquísima sopa de verduras, Tomás preguntó intrigado:
—¿Y qué haremos mañana, tía?
—Mañana haremos una caminata y te llevaré a conocer el glaciar Perito Moreno.
Tomás se fue a dormir pensando en su monopatín. ¡Ojalá lo hubiera llevado! De solo pensar en caminar todo el día, le daba pereza.

Al día siguiente, Tomás y su tía se despertaron temprano. Habían dormido bien abrigados en sus bolsas de dormir.

Cuando salió de la tienda de campaña, Tomás miró asombrado el suelo.

—¡Tía! —gritó con entusiasmo—. ¡Hay velociraptors! —Tomás sabía el nombre de todos los dinosaurios.

—¡Pero qué cosas dices, Tomás! —dijo la tía Ana, riendo—. Esas son huellas de choique. Son animales muy comunes por aquí. Se parecen a los avestruces, pero son más pequeños.

Tomás se sintió un poco aliviado. En el fondo, no le habría gustado nada estar frente a un velociraptor.

Después de un buen desayuno, Tomás y su tía comenzaron la caminata hacia el glaciar. Al principio, recorrieron amplios caminos de tierra. Pero, a medida que pasaba el tiempo, encontraron caminos blancos y árboles altísimos. Tomás estaba encantado con lo que veía.

—¡Mira! —gritó Tomás. Un grupo de animales extraños cruzaba el camino.

—Son huemules —dijo la tía Ana—, no los molestemos.

Tomás nunca había visto un huemul.

—Están en peligro de extinción. Eso significa que hay que cuidarlos mucho —agregó la tía.

—¡Son hermosos! —dijo Tomás.

Pronto, Tomás vio el glaciar Perito Moreno. Nunca imaginó lo inmenso que era. Allí los esperaba Jerónimo, un guía que los ayudaría en su caminata.

—Para caminar por el glaciar, se necesita calzado especial —dijo la tía Ana. Y su rima improvisada hizo reír a Tomás.

Jerónimo sacó de su mochila una cadenita con pinchos para poner en las botas. Esos pinchos les darían seguridad para caminar sobre el hielo sin resbalarse.

La caminata comenzó, y cada paso valió la pena. La vista era increíble. Tomás sacó las fotos más hermosas del paseo.

"¡Mi tía es la mejor!", pensaba Tomás, en el viaje de regreso.

Miraba las fotos en su cámara, y recordaba todo lo que había visto. Los paisajes, los lugares, los animales.

Le pareció muy importante cuidar todas esas cosas. Tal como hacía su tía.

Faro

por Alma Flor Ada

En el faro, el farero,
prende el farol
porque en la noche oscura
no brilla el sol.
En la brava tormenta
la gran farola
alumbra el mar oscuro
brillando sola.
Sin luna, sin estrellas,
sobre las olas
agradecen los barcos
ver las farolas
que se apagan, se encienden
para avisar
que hay rocas peligrosas
a la orilla del mar.

Unidad 5

Mundo cambiante

"Nada de lo que fue vuelve a ser, y las cosas y los hombres y los niños no son lo que fueron un día".

—*Ernesto Sábato*

El elefante bebé

por Jezabel Janáriz

¡Hoy es un día muy feliz! En la manada ha nacido una cría de elefante. Su mamá la llevó en la panza durante veintidós meses. ¡Mucho más que una mamá humana! Las dos hermanas de mamá elefanta la acompañaron durante el nacimiento. Una de ellas la acariciaba todo el tiempo con su trompa.

El bebé elefante se ve pequeño al lado de su mamá. Sin embargo, es tan alto como un niño humano de unos cinco años. ¡Y pesa tanto o más que un hombre adulto! Este bebé es un elefante africano. Los elefantes africanos son los animales terrestres más grandes del planeta. Viven en las selvas, en los semidesiertos y, sobre todo, en las sabanas de África. Las sabanas son praderas con más plantas que los desiertos, pero menos que las selvas. Otros elefantes, los asiáticos, tienen las orejas más cortas y son un poco más pequeños.

La mamá elefanta le da de mamar a su bebé. Luego, el bebé se chupa un rato la trompa. ¡Tal como los bebés humanos se chupan el dedo! Al final se queda dormido.

Todas las elefantas de la manada vienen a saludar a la mamá. Solo los elefantes hembra y sus crías viven en la manada. Los elefantes son animales muy cariñosos. Así, cuando una elefanta tiene un bebé, las demás la felicitan. Cuando una cae enferma, entre todas la cuidarán. También les gusta mucho dar caricias con la trompa. La ayuda y la protección a todo el grupo son muy importantes en las manadas de elefantes.

En cambio, los machos adultos viven solos o en pequeños grupos. A veces se cruzan con las manadas. Entonces, saben reconocer a sus hijitos y les gusta saludarlos.

Pocos días después de haber nacido, el pequeño elefante está listo para seguir a la manada. Las elefantas adultas le prestan mucha atención. Quieren protegerlo de cualquier peligro.

Los elefantes son animales herbívoros. Es decir, comen hierbas y hojas que arrancan con la trompa. Para masticar, solo tienen unos pocos dientes grandes. Pero el bebé elefante todavía es demasiado pequeño para comer estas cosas. Beberá la leche de su madre hasta que tenga al menos tres años.

La mamá elefanta debe salir a buscar comida. Entonces, deja a su hijo a cargo de algunas elefantas niñeras. Estas niñeras cuidan muy bien del pequeño. Al igual que su mamá, le echan arena sobre el cuerpo para protegerlo del sol. Lo consuelan cuando está triste. Y juegan con él cuando está contento.

Los elefantes toman mucha, mucha agua. Cada día toman unas cien veces más agua que un ser humano. También les gusta mucho bañarse y jugar con el agua. Así logran mantenerse frescos cuando hace calor. Los elefantes saben nadar y bucear. Usan su trompa para respirar. ¡Como si fuera un tubo de buceo! El bebé elefante se divierte tirándose agua con la trompa y chapoteando.

La bisabuela del pequeño lo mira mientras juega con el agua. Tiene más de setenta años. Por eso, es la "matriarca", o jefa, de la manada. Ella se encarga de que todo ande bien. Como todos los elefantes, es muy inteligente y tiene una excelente memoria.

El tiempo ha pasado. Ahora el pequeño elefante ya tiene doce años. Está listo para separarse de su mamá. Pronto se irá a recorrer la selva y la sabana en compañía de otros elefantes jóvenes. ¡Muchas divertidas aventuras lo esperan ahí!

Los caballitos de mar

por Francisca Nolte

La cabeza del caballito de mar se parece a la de un caballo.

El caballito de mar es un tipo de pez muy especial. Vive en aguas cálidas y poco profundas de todo el mundo. Los caballitos de mar no son caballos en realidad. Solo reciben este nombre porque su cabeza es similar a la de un caballo.

El caballito de mar nada de forma diferente a otros peces. Nada en posición vertical. No es muy buen nadador. Se mueve lentamente. A veces se le acercan otras especies más grandes y fuertes. Entonces, no le resulta fácil escapar. ¡Afortunadamente, puede cambiar de color para esconderse en el entorno!

Archivo Edición Ver Favoritos Herramientas Ayuda

Los caballitos de mar se alimentan de otros peces. No tienen estómago ni dientes. Por eso, necesitan comer mucha comida para sentirse satisfechos. Además, tragan sin masticar.

Usualmente, entre los animales, la madre trae al mundo a sus crías. Pero esto no ocurre con el caballito de mar. La hembra pone los huevos en el cuerpo del macho. Es el papá quien lleva dentro a los bebés hasta que nacen. Un papá embarazado... ¡sí que es particular este pez!

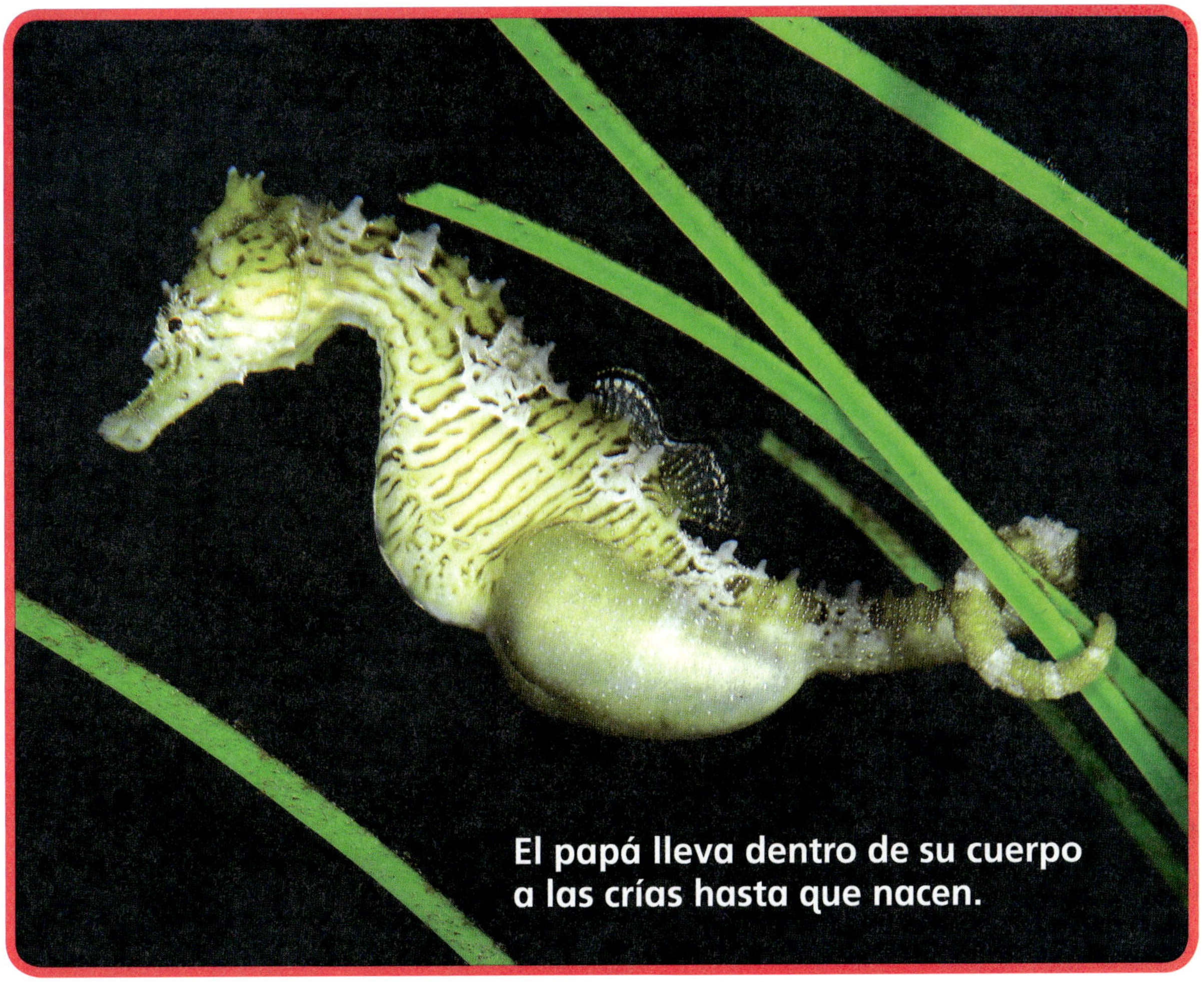

El papá lleva dentro de su cuerpo a las crías hasta que nacen.

El arte de hacer amigos

por Amy Blas

Cuando comenzaron las clases, en el colegio se encontraron todos los compañeros del año anterior. En realidad, todos no. Los mellizos Tomás y Ana se mudaron a otra ciudad y se cambiaron de escuela. La novedad fue la llegada de Kyo, un niño japonés muy diferente a todos. Sabía hablar el mismo idioma que los demás, pero era tan callado que no conocían su voz.

—¿Te gusta jugar básquetbol? —le preguntó amistosamente Alan.

—Sí —contestó tímido. Pero nunca quería jugar un partido con los nuevos compañeros.

Alan opinaba que Kyo extrañaba a sus amigos y a su país. Tina, en cambio, creía que era muy antipático y que los rechazaba por ser diferentes a él.

—¿A qué jugabas en Japón? —insistió Alan.

—Con videojuegos, o haciendo origamis —respondió brevemente.

—Videojuegos tenemos aquí. Pero eso de los origamis no sé qué es. Nunca jugué ese juego —explicó Alan.

—Son papelitos plegados con distintas formas —aclaró Ricky. Él lo sabía porque había ido a un restaurante japonés y allí vio muchos origamis adornando el comedor.

Los compañeros eran amigables con Kyo. A él, sin embargo, le costaba serlo. Pero, eso sí, era estudioso y muy inteligente.

Un día, en clase de arte, el maestro les propuso una actividad nueva. Cada estudiante tendría que mostrar su creatividad. Formaron varios grupos. Uno de ellos escribiría un pequeño guión cinematográfico. Otro construiría los personajes con plastilina. Un director sacaría fotos a cada escena. Y, entre todos, harían el montaje para componer una breve película.

La idea les gustó mucho a todos los estudiantes de la clase. A todos menos a Kyo. El maestro, para que se sintiera importante, le pidió a Kyo que hiciera el personaje principal. Él modelaría el Horrendo Monstruo Verde, el malvado de la historia. Kyo amasaba un trozo de plastilina entre los dedos y solo lograba hacer un tubo sin forma alguna.

Alan, Ricky, Tina y otros compañeros se acercaron a ayudarlo. Pero el tímido Kyo no se dejaba ayudar. Una y otra vez aquel trozo de plastilina terminaba aplastado sin forma alguna. Y Kyo de nuevo lo volvía a intentar.

—Kyo, tengo un plan —le dijo Alan—. Yo tomaré también un trozo de plastilina y paso a paso haremos juntos el Horrendo Monstruo Verde. ¿Me dejas que te ayude mientras te voy dando instrucciones?

—Sí —dijo Kyo. Y se sentaron frente a frente en la mesa.

—Primero, debes alisar la plastilina y formar un cilindro grueso. Este será el cuerpo.

Alan formó un cilindro un poco más grande que el resto de los personajes. Kyo lo imitó.

—Luego, sigue amasando y haz una pelota. Esa será la cabeza del monstruo. La pegas así al cuerpo.

Poco a poco, el monstruo fue tomando forma. Al mismo tiempo, se iba dibujando una sonrisa en la cara de Kyo.

—Mira —dijo Alan—, toma pedazos más pequeños de plastilina y haz cilindros. Estos serán los brazos. Para que sea monstruoso las patas serán diferentes, una más grande que la otra. Eso hazlo como más te guste a ti, ¿quieres?

—¡Sí, sí! —respondió Kyo, contento.

El trabajo compartido tuvo como resultado un estupendo Horrendo Monstruo Verde. Con entusiasmo, los demás compañeros aplaudieron. Por último, comenzaron a fotografiar las escenas hasta lograr la película final.

Kyo estaba agradecido y feliz. A partir de ese momento, quiso participar en las tareas y los juegos que sus compañeros le proponían. Un día, en la clase de arte, les enseñó a sus compañeros la tarea del origami. Llevó hojas de papel de diferentes colores y las repartió entre los estudiantes. Con paciencia, les explicó ese arte tradicional de su país. Entre todos, cubrieron el salón con flores, grullas y mariposas de colores.

Cómo hacer un abanico de papel

por Ana di Mare

Hacer un abanico de papel es muy sencillo. Además, es muy divertido. En poco tiempo tendremos un objeto bello y útil para los días de calor. ¿No te gustaría tener aire fresco siempre a mano?

¿Qué necesitas?

- 2 hojas de papel de cualquier color o con dibujos
- 2 palitos de helado
- pegamento
- regla

¿Cómo se hace?

1. Comienza haciendo pequeños pliegues en el papel por su parte ancha, uno encima de otro. Primero por un lado y luego por el otro. Puedes usar una regla para medir cada tira. Así, el abanico quedará más lindo.

2. Cuando completes todo el papel, dóblalo por la mitad. Pega los lados que quedaron en el medio.

3. Repite los pasos 1 y 2 con la otra hoja de papel.

4. Ahora, une con pegamento los dos pequeños abanicos. Sujeta con fuerza hasta que estén pegados.

5. Finalmente, pega los palitos de helado en los costados que quedaron libres. Sujeta un rato hasta que estén bien pegados.

6. Ya tienes tu abanico. Ahora, ¡pruébalo!

¿Qué descubrimientos sorprendentes nos hacen ver el mundo de otro modo?

Coméntalo

Unidad 6

¡Qué sorpresa!

> "Sorprenderse, extrañarse, es comenzar a entender".
>
> —José Ortega y Gasset

El talento de la oruga

por Diana Benavente

¡Qué nerviosos se sentían todos los animales de la selva! Hoy era el gran día del concurso de talentos.

El camaleón pasó toda la mañana practicando su número. "Debería mejorar ese tono de verde", pensaba. "¡Pero el azul me queda fantástico frente a la laguna!".

Las ranas no habían dejado dormir ni a los perezosos esa noche. El ensayo del coro terminó con la salida del sol.

Por la tarde, una multitud se reunió junto al árbol más alto.

Como todos los años, los ratones se encargaban de la organización del concurso. Sobre una hoja iban anotando los nombres de los participantes y sus talentos.

—¿A quién le toca primero? —se preguntaban los animales.

Primero vino el turno de las ranas. Todos hicieron silencio y el concierto comenzó:

—¡Cri, cri, cri! —cantaban las voces agudas.

—¡Croá, croá, croá! —, las graves.

—¡Bravo! ¡Qué ritmo! —exclamaron los admiradores de la música.

La cantante principal recibió un ramo de flores de los ratones.

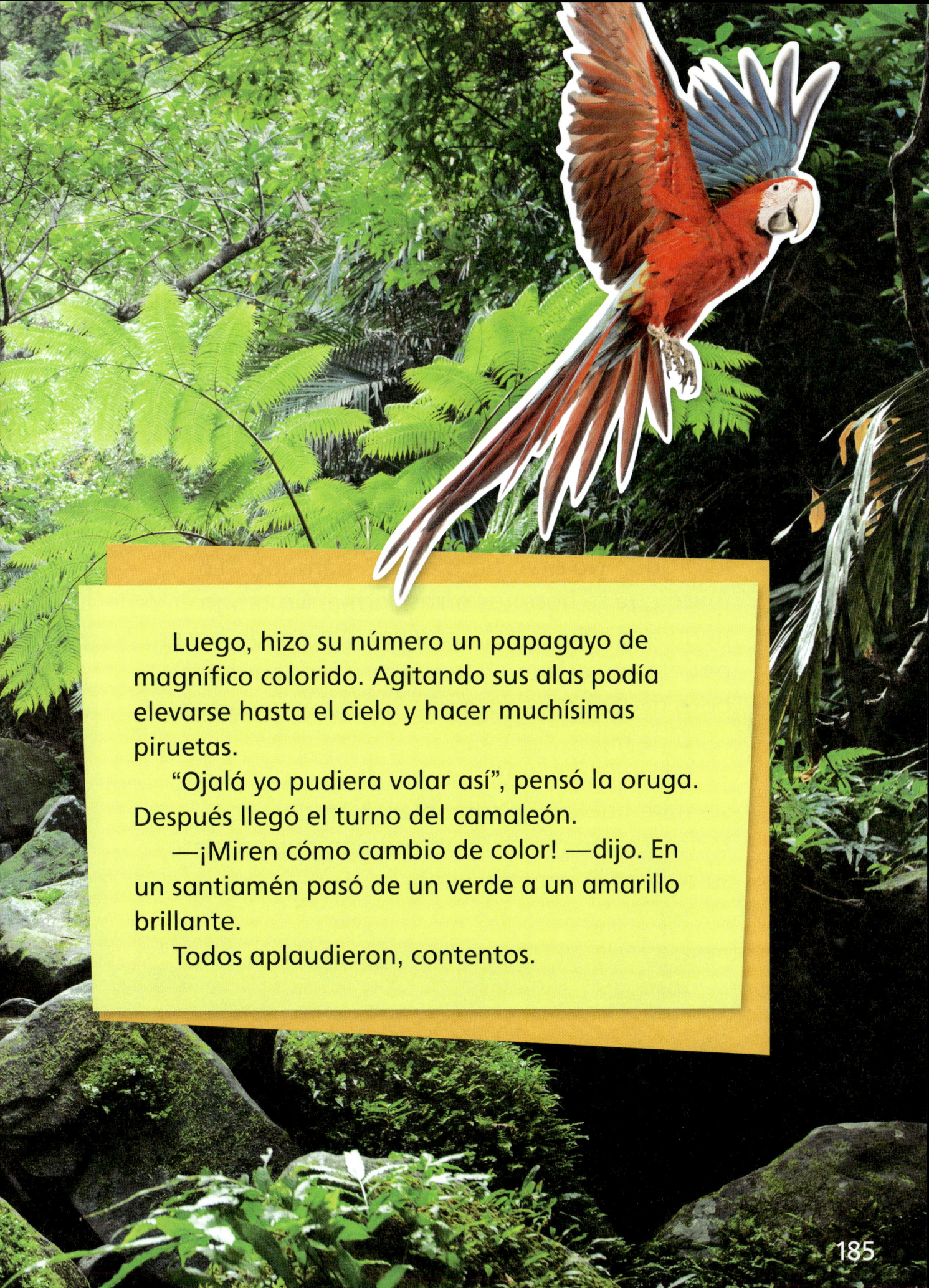

Luego, hizo su número un papagayo de magnífico colorido. Agitando sus alas podía elevarse hasta el cielo y hacer muchísimas piruetas.

"Ojalá yo pudiera volar así", pensó la oruga. Después llegó el turno del camaleón.

—¡Miren cómo cambio de color! —dijo. En un santiamén pasó de un verde a un amarillo brillante.

Todos aplaudieron, contentos.

La única que no parecía tan contenta era la oruga. "No sirvo para nada", pensaba. "Lo único que sé hacer es arrastrarme. No tengo hermosos colores ni buena voz. No puedo hacer piruetas en el aire… ¡Ni siquiera tengo manos para ayudar a los ratones! Si alguien me ve se reirá de mí".

En realidad, nadie se reía de la oruga. Ella siempre había sido sumamente amable con todos. Los animales la apreciaban mucho, pero su tristeza le impedía verlo.

La oruga sentía tanta vergüenza que quería esconderse. Decidió quedarse muy quieta. Entonces, notó que un hilo fino y pegajoso empezaba a salirle del cuerpo. "Qué sorpresa", pensó. Pronto descubrió que era capaz de tejer con ese hilo, así que tejió y tejió hasta enrollarse toda. Luego, se acomodó dentro del capullo y se quedó dormida.

—¿Qué será eso que cuelga del árbol? —se preguntaban todos los animales.

—¿Y dónde está la oruga? —decían también.

Habían pasado varias semanas y nadie la veía por ninguna parte. Sus amigos estaban muy preocupados.

De repente, vieron que el capullo se rompía. Desde adentro se asomó la cabecita de alguien que conocían.

Cuando la oruga terminó de salir de su escondite, todos los animales ahogaron un grito. ¡Qué cambiada estaba! Le habían salido dos preciosas alas.

—¿Por qué me miran así? —preguntó cuando vio la cara de sorpresa de sus amigos.

Entonces se dio cuenta de algo: no estaba arrastrándose por el suelo. Tampoco se apoyaba en ninguna rama. ¡Estaba volando!

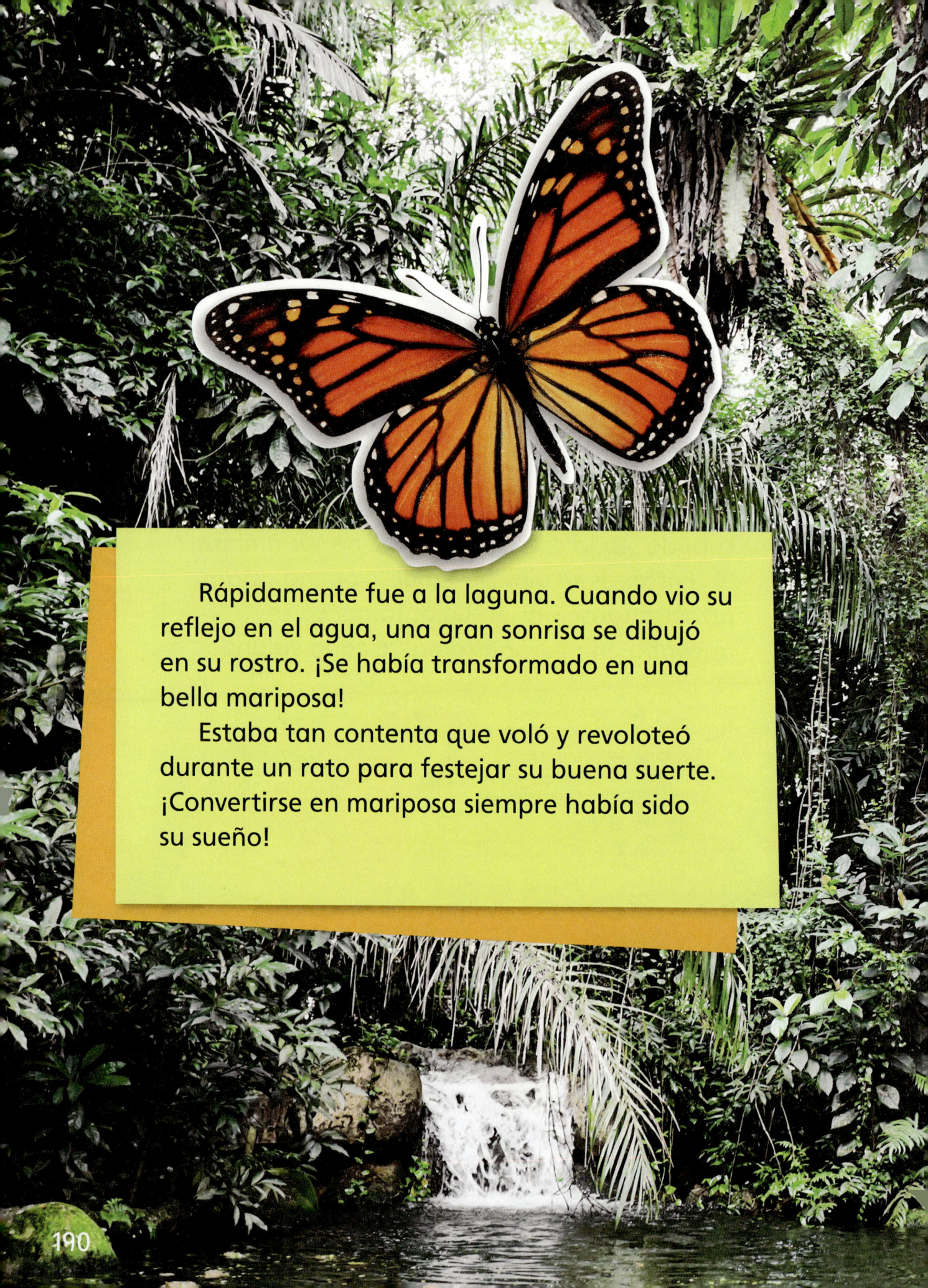

Rápidamente fue a la laguna. Cuando vio su reflejo en el agua, una gran sonrisa se dibujó en su rostro. ¡Se había transformado en una bella mariposa!

Estaba tan contenta que voló y revoloteó durante un rato para festejar su buena suerte. ¡Convertirse en mariposa siempre había sido su sueño!

Entonces se le ocurrió una idea. Agitando sus alas con esfuerzo, se elevó hasta las copas de los árboles más altos. ¡Desde ahí podía ver la selva como nunca antes! El papagayo movió un ala para saludarla. Mientras descendía, la mariposa pensó en los otros animales. Se dio cuenta de que todos se preocuparon por ella cuando estuvo escondida. "Me encanta ser una mariposa", se dijo entonces. "¡Pero mucho mejor que eso es tener tan buenos amigos!".

Una cuncuna amarilla

por María de la Luz Corcuera

Una cuncuna amarilla
debajo de un hongo vivía,
ahí, en medio de una rama,
tenía escondida su cama.

Comía pedazos de hojas,
tomaba el sol en las copas,
le gustaba subirse a mirar
a los bichitos que pueden volar.

"¿Por qué no seré como ellos?",
preguntaba mirando los cielos,
"¿por qué me tendré que arrastrar?
¡si yo lo que quiero es volar!".

Un día le pasó algo raro,
sentía su cuerpo inflado,
no tuvo ganas de salir,
solo quería dormir.

Se puso camisa de seda,
se escondió en una gran higuera,
todo el invierno durmió
y con alas se despertó.

"¡Ahora ya puedo volar,
como ese lindo zorzal,
mariposa yo soy,
con mis alitas yo me voy!"

El zapatero y los duendes

versión de Pamela Archanco

Hace mucho tiempo, había un zapatero muy pobre. Ningún cliente visitaba su taller. Cierto día, cortó su último pedazo de cuero y lo miró con tristeza. No podía comprar más cuero. Ya no le quedaba dinero. Como estaba bastante cansado, se fue a dormir temprano.

A la mañana siguiente, el zapatero entró en su taller y se llevó una gran sorpresa. El trozo de cuero que había cortado la noche anterior se había convertido en un hermoso par de zapatos.

El zapatero le preguntó entonces a su esposa si ella los había hecho, pero la mujer le dijo que no. Ninguno de los dos tenía idea de lo que podía haber sucedido.

Más tarde, un caballero pasó por el taller. La calidad de los zapatos llamó su atención. Inmediatamente entró y le preguntó al zapatero:

—¿Están a la venta esos zapatos? ¿Puedo mirarlos de cerca?

—Por supuesto, señor —respondió el zapatero y le entregó los zapatos.

—¡Son los mejores zapatos que he visto! De ahora en más, quiero que usted haga mi calzado. Además, voy a recomendarlo a todos mis amigos.

El caballero pagó un alto precio por los zapatos y se marchó. El zapatero no podía creerlo y fue corriendo a contárselo a su esposa.

Entusiasmado por su cambio de suerte, compró más cuero, más hilo y todo lo necesario para fabricar dos pares de zapatos.

Ese mismo día, cortó el cuero y dejó todo preparado para armar los zapatos a la mañana siguiente. Enseguida se fue a dormir. ¡Estaba agotado por la emoción!

Cuando a la mañana siguiente el zapatero fue a trabajar, recibió otra gran sorpresa. Dos pares de bonitos zapatos lo esperaban sobre la mesa de su taller.

Los zapatos se vendieron tan rápidamente como los primeros. Esto le permitió al zapatero comprar los materiales para hacer cuatro pares. Pero al día siguiente, la historia se repitió. ¡Cuatro pares de zapatos lucían sobre la mesa de trabajo!

Por supuesto, también en esta oportunidad aparecieron clientes interesados. Pagaron mucho dinero por unos zapatos de tanta calidad y tan finos.

Y así volvió a repetirse la maravilla noche tras noche. El cuero cortado por el zapatero se convertía en calzado a la mañana siguiente.

Con el tiempo, sus zapatos le dieron mucha fama, y los clientes se multiplicaron. Nunca volvió a faltar la comida en su mesa o el material para trabajar.

Cierta vez, el zapatero le comentó a su mujer:

—¿Y si esta noche nos ocultamos para espiar a quien arma los zapatos?

A ella le pareció buena la idea, porque realmente estaban muy intrigados. Esa noche, ocultos detrás de un mueble, esperaron a que alguien apareciera.

Justo a las doce, dos pequeños duendes vestidos con andrajos aparecieron mágicamente. Se subieron a la mesa trepando por sus patas. Una vez allí, tomaron los cueros y se pusieron a coser. Manejaban la aguja y el hilo con gran rapidez. En lo que dura un suspiro, cosieron el cuero y dejaron listos los zapatos. Luego dieron un salto y desaparecieron. El zapatero y su mujer no podían salir de su sorpresa.

—¿Has visto que estos diminutos hombrecitos estaban vestidos con andrajos? —le preguntó la mujer a su esposo—. Nos han ayudado tanto... ¿Les hacemos unas ropas pequeñitas para que no tengan frío?

El zapatero estuvo de acuerdo. La noche siguiente dejaron sobre la mesa la ropita en el lugar de los cueros. Y se escondieron nuevamente detrás del mueble para ver qué hacían los duendes.

A las doce, los hombrecitos aparecieron de la nada. Saltaron sobre la mesa y vieron con mucha sorpresa la ropita. Entonces se la probaron y con alegría comprobaron que era de su talle.

—¡Ahora somos dos caballeros elegantes! ¿Por qué continuar de zapateros como antes?

Y saltando y dando volteretas, desaparecieron para siempre.

El zapatero y su mujer se alegraron de haber visto tan contentos a los duendes.

Así, gracias a la ayuda recibida, en la casa del zapatero nunca más nada faltó. Y él y su mujer vivieron felices, aunque no comieron perdices...

El zapatero y los duendes

por Pablo Ernesto Flores

Personajes:

Narrador	Esposa	Duende 1
Zapatero	Cliente	Duende 2

NARRADOR. Hace mucho tiempo, en un país lejano, vivía un zapatero con su esposa. Aunque había sido un zapatero famoso, ahora era muy pobre. Era viejito, y demoraba mucho tiempo en terminar cada zapato. Una noche de invierno, cortaba el poco cuero que le quedaba.

ESPOSA. ¿Ese es el último trozo? ¿Y ahora qué vas a hacer?

ZAPATERO. Terminaré de cortar este cuero.

ESPOSA. ¿Y mañana?

ZAPATERO. Mañana haré el último par de zapatos.

ESPOSA. ¿Y luego?

ZAPATERO. Luego veremos, querida.

NARRADOR. Al otro día, cuando fue a buscar el cuero, encontró que los zapatos ya estaban terminados. Emocionado, llamó a su mujer.

ZAPATERO. ¡Querida! ¡Ven rápido! Alguien hizo mi trabajo.

ESPOSA. ¿Quién podrá ser?

ZAPATERO. No lo sé, pero ¡mira qué hermosos! Tienen una costura perfecta.

ESPOSA. Como los que hacías en tu juventud.

NARRADOR. Al rato, un cliente tocó a la puerta.

CLIENTE. ¡Son perfectos! Me encantan, voy a pagarle el doble.

ZAPATERO. ¡Oh, muchas gracias!

NARRADOR. Con el dinero, el zapatero compró cuero para hacer dos pares de zapatos. Contento, lo cortó y se fue a dormir. Al otro día despertó y, otra vez, se encontró con los zapatos terminados.

ZAPATERO. Otra vez alguien hizo mi trabajo. Son preciosos.

ESPOSA. Debemos saber quién te ayuda.

NARRADOR. Vendió los zapatos y compró cuero para hacer más zapatos. Lo cortó y, esta vez, se escondió junto a su mujer. A medianoche, dos duendecillos entraron por la ventana. Estaban vestidos con harapos y tiritaban de frío.

DUENDE 1. ¡Qué frío! Por suerte tenemos más trabajo.

DUENDE 2. Sí, muévete rápido para que pase el frío.

NARRADOR. El zapatero y su esposa no lo podían creer.

ZAPATERO. ¡Mira con qué alegría trabajan!

ESPOSA. Me apena que estén vestidos con harapos. Vamos a hacerles ropa como agradecimiento.

NARRADOR. Al otro día, les dejaron ropa a su medida en lugar del cuero. Los duendes se llevaron una gran sorpresa cuando el zapatero y su esposa los invitaron a quedarse con ellos. Juntos fueron muy felices, trabajando y viviendo calentitos y con alegría.

La cigarra y la hormiga

por Elsie Mei

Antenita es una hormiga muy trabajadora. Todos los días sale bien temprano del hormiguero para recolectar semillas, frutos y hojitas. La verdad es que disfruta mucho sus tareas al aire libre.

De camino al trabajo, va cantando hermosas canciones. Sus compañeras hormigas dicen que su voz suena como un cascabel. Les encanta moverse al compás del cantar de Antenita, y se divierten muchísimo todas juntas.

Un día espléndido de verano, Antenita cantaba más animada que nunca. Cuando terminó de cantar, escuchó una vocecita hermosa que continuaba su canción. Alguien cantaba en la rama de un árbol.

Esa tarde, después de trabajar, se dirigió hacia el árbol. Trepó un poquito y volvió a escuchar. ¡Qué linda voz!

Pronto, encontró a una cigarra que cantaba mientras tomaba sol. Antenita la saludó y la felicitó por sus canciones.

—Tu voz también es realmente admirable —le dijo la cigarra—. Ya quisiera lograr esos agudos tan afinados.

Entonces, Antenita pensó que podrían formar un dúo y combinar sus voces.

—¡Qué brillante idea! ¡Me encantaría! —dijo la cigarra, entusiasmada.

Y así fue como todas las tardes, después de trabajar, Antenita se reunía con su nueva amiga a practicar e inventar nuevas canciones. La cigarra la esperaba con limonada y trocitos de avellana.

Sucedió que el otoño llegó rápidamente para estas dos entretenidas amigas.

Una tarde, Antenita encontró a la cigarra temblando en la ramita del árbol donde vivía.

—Las hojas están cayendo, y ya no podré vivir aquí. Tengo mucho frío.

—¡Ay, amiguita! —se lamentó Antenita—. ¿Qué podremos hacer?

—Buscaré un nuevo hogar, seguramente lejos de aquí —respondió la cigarra con tristeza.

Antenita, que era una excelente amiga y compañera, no iba a dejar a su amiga sin ayuda.

—No te preocupes —le dijo a la cigarra—. Pronto encontraremos una solución.

Entonces, Antenita volvió al hormiguero y contó el problema a sus compañeras hormigas. Cada una dio su opinión. Las más chiquitas se pusieron muy tristes, pensando que Antenita se iba a ir con la cigarra.

Finalmente, Antenita habló con la reina y le pidió permiso para ayudar a su amiga.

—Mi compañera de dúo, la cigarra, está pasando frío. El árbol donde vive se quedó sin hojas. Ya no puede quedarse allí. Señora reina: le pido por favor que la deje venir a vivir con nosotras.

La reina le respondió:

—Tú siempre animas a tus compañeras con tu canto. Eres la hormiga más servicial del hormiguero. Y ahora demuestras que tienes buen corazón. Por supuesto que tu amiga puede venir al hormiguero.

Todas las hormigas le dieron la razón. Y la reina le entregó una medalla a Antenita por sus buenos sentimientos.

Antenita fue corriendo a darle la noticia a su amiga. La encontró temblando de frío, pero pronto sonrió con la noticia.

—Tú sí que eres una amiga de verdad —dijo la cigarra—. ¡Estoy tan agradecida!

Luego de darle la bienvenida, las hormigas ayudaron a la cigarra a acomodar sus cosas. Le mostraron todo el hormiguero y charlaron un montón.

Cansadas después de un largo día, durmieron muy calentitas. Muchas soñaron con un concierto de Antenita y la cigarra.

Y así fue. Antenita y la cigarra cantaron para las hormigas en muchas ocasiones.

Y entre música y canciones, llegó la primavera. La cigarra pudo volver a vivir a su árbol. Antes de despedirse, la reina la invitó a volver cada año al hormiguero, cuando comenzara el otoño. Y la cigarra prometió ayudarlas a juntar hojitas en el verano.

Las cabritas porfiadas

**nueva versión de un cuento tradicional
por F. Isabel Campoy**

Rodrigo tenía que cuidar cinco cabritas. Todas las mañanas las sacaba al campo muy temprano. Por la tarde, volvía con ellas al corral.

Una tarde las cabritas no querían regresar del campo.

Rodrigo trató de guiarlas, pero las cabritas no le hacían caso. Seguían saltando y corriendo por el campo.

Se hacía tarde. Ya empezaba a oscurecer. Rodrigo se sentó en una piedra al lado del camino y se puso a llorar.

El niño lloraba, llora que te llora.

Al poco rato pasó por allí un conejo de largas orejas. Y le preguntó:

—Niño, ¿por qué lloras?

—Lloro, porque las cabritas
no quieren volver
y si tardan mucho
va a oscurecer.

—Esto lo resuelvo.
¡Ya lo vas a ver! —respondió el conejo muy decidido.

Pero las cabritas no le hicieron caso al conejo. El conejo agachó sus largas orejas, se sentó en la piedra, junto al niño, y se puso a llorar.

El conejo lloraba, llora que te llora.

Entonces pasó por allí una zorra de hermosa cola. Se detuvo delante del conejo y le preguntó:

—Conejo, ¿por qué lloras?

—Lloro, porque las cabritas no quieren volver y si tardan mucho va a oscurecer.

—Esto lo resuelvo.

¡Ya lo vas a ver! —respondió la zorra muy decidida.

Pero las cabritas porfiadas tampoco le hicieron caso a la zorra. La zorra escondió su hermosa cola entre las patas, se sentó en la piedra, junto al niño y al conejo, y se puso a llorar.

La zorra lloraba, llora que te llora.

Ya llevaban así un rato, cuando pasó volando una abeja.

—Zorra, ¿por qué lloras?
—Lloro, porque las cabritas
no quieren volver
y si tardan mucho
va a oscurecer.
—Esto lo resuelvo.
¡Ya lo vas a ver! —respondió la abeja,
muy tranquila.

Al oír a la abeja, el niño dijo:
—¿Tú, tan chiquita vas a poder lo que no pude yo?
—¿Lo que no pude yo? —añadió el conejo de largas orejas.
—¿Lo que no pude yo? —repitió la zorra de hermosa cola.
Y todos se echaron a reír.

Pero la abejita no les hizo caso. Y voló hasta donde estaban las cabritas.

Se acercó a la mayor de las cabritas y empezó a zumbarle en el oído.

—Zzzzz ZZZZ ZZZZZZ —zumbaba la abeja, cada vez con más fuerza.

Y la cabra, que no quería que la abeja la picara, se echó a correr.

Detrás de ella se echaron a correr las otras cabritas.

Y no pararon hasta llegar al corral. Rodrigo apenas pudo alcanzarlas.

Y el conejo de largas orejas y la zorra de hermosa cola se quedaron junto a la piedra, mirándose sorprendidos, con los hocicos muy abiertos.

Acknowledgements

"El zapatero y los duendes" by Pamela Archanco from *Prácticas del Lenguaje 4*. Text copyright © 2011 by Tinta Fresca Ediciones S. A. Adapted and reprinted by permission of Tinta Fresca Ediciones S. A.

Excerpts from "Estaba la rana" from *El uso del folklore para motivar a los niños a leer y escribir* by Martha Sastrías. Text copyright © 1998 Editorial Pax México. Reprinted by permission of Editorial Pax México.

"Extrañas sombras" from *Diecisiete cuentos y dos pingüinos* by Daniel Nesquens. Copyright © 2000 by Daniel Nesquens. Adapted and reprinted by permission of Grupo Anaya, S.A.

"Faro" by Alma Flor Ada. Text copyright © by Alma Flor Ada. Reprinted by permission of Alma Flor Ada.

La escuela by Meritxell Martí, illustrated by Violeta Monreal. Copyright © 2007 by Parramón Ediciones, S.A. Adapted and reprinted by permission of Parramón Ediciones, S.A.

"Las cabritas porfiadas" by F. Isabel Campoy. Text copyright © by F. Isabel Campoy. Reprinted by permission of F. Isabel Campoy.

Excerpt from *¡Quiero ayudar! Let Me Help!* by Alma Flor Ada, illustrated by Angela Domínguez. Text copyright © 2010 by Alma Flor Ada. Illustrations copyright © 2010 by Angela Domíguez. Reprinted by permission of Children's Book Press an imprint of Lee & Low Books Inc.

"Todas las buenas manos" by F. Isabel Campoy. Text copyright © by F. Isabel Campoy. Reprinted by permission of F. Isabel Campoy.

"Un alto precio" by F. Isabel Campoy. Text copyright © by F. Isabel Campoy. Reprinted by permission of F. Isabel Campoy.

"Un encargo insignificante" from Cuentos para Dormir, www.cuentosparadormir.com. Copyright © 2008-2015 by Pedro Pablo Sacristán and Cuentos para Dormir. Adapted and reprinted by permission of Cuentos para Dormir.

Un perro en casa by Núria Roca, illustrated by Rosa M. Curto. Copyright © 2007 by Gemser Publications, S.L. Adapted and reprinted by permission of Gemser Publications, S.L. and Edebé.

"Una cuncuna amarilla" by María de la Luz Corcuera from *Lenguaje y Comunicación 1° básico* by Amelia Plominsky Clavería, Karina Seleme Carmona, and Catalina Vicuña Iturriaga. Text copyright © 2012 by Santillana del Pacífico S. A. de Ediciones. Reprinted by permission of Santillana del Pacífico S. A. de Ediciones.

"Yo soy poeta" by F. Isabel Campoy. Text copyright © by F. Isabel Campoy. Reprinted by permission of F. Isabel Campoy.

Picture Credits

Cover (bg) ©Glow Images/Getty Images; (t) ©Dirk Ercken/Alamy; (c) ©rj lerich/Shutterstock; (b) ©Houghton Mifflin Harcourt; **I** (bg) ©Glow Images/Getty Images; (t) ©Dirk Ercken/Alamy; (c) ©rj lerich/Shutterstock; (b) ©Houghton Mifflin Harcourt; **IV** ©Alamy; **V** ©Marc Romanelli/Media Bakery; **VII** ©Joe Belanger/Shutterstock; **VIII** ©Kerri Wile/Moment/Getty Images; **1** (tl) ©Glow Images/Getty Images; (tr) ©Dirk Ercken/Alamy; (br) ©rj lerich/Shutterstock; (bl) ©Houghton Mifflin Harcourt; **2** ©Fuse/Getty Images; **42** ©istock/Getty Images Plus/Getty Images; **52** (b) ©E+/Chris Price/Getty Images; (t) ©Comstock/Getty Images; (bl) ©li jingwang/iStockphoto.com/Getty Images; **53** (br) ©Getty Images; (t) ©monkeybusinessimages/iStock/Getty Images; (bc) Houghton Mifflin Harcourt; **54** (tr) ©H.S. Photos/Alamy; (bl) ©Steve Williams/Houghton Mifflin Harcourt; (cl) ©iStock/Getty Images Plus/Luciano Bibulich/Getty Images; (c) Siede Preis/Photodisc/Getty Images; (cr) HMH; (br) ©Consumer Trends/Alamy; (tl) ©Photographer's Choice RF/Siede Preis/Getty Images; **55** (t) ©Nikand4/iStock/Getty Images; (b) ©CostinT/iStockPhoto.com; (c) ©Fuse/Getty Images; **66** (bg) ©Dr. Morley Read/Shutterstock; (br) ©iStock/Getty Images; **67** ©Juniors/Superstock; **68** (tr) ©Tony Camacho/Science Source; (bg) ©Dr. Morley Read/Shutterstock; **69** ©Donald Specker/Animals Animals/Earth Scenes; **70** ©Fuse/Getty Images; **72** (t) ©CatPix-The Art of Nature/Moment/Getty Images; (bg) ©NewLife Reportage/Alamy; **73** ©Ted Kinsman/Science Source; **74** (c) ©Kike Calvo/National Geographic Stock; (bg) ©NewLife Reportage/Alamy; **75** ©Alamy; **76** (c) ©Luis Javier Sandoval/Oxford Scientific/Getty Images; (bg) ©NewLife Reportage/Alamy; **77** ©vladoskan/iStock/Getty Images; **78** ©Mauricio Handler/National Geographic Stock; **80** (bg) ©johnandersonphoto/iStockPhoto.com; **82** ©SuperStock/age fotostock; **84** (bg) ©Gustaf Brundin/E+/Getty Images; (tl) ©Glen Bartley/All Canada Photos/Getty Images; **85** (b) ©jgorzynik/iStock/Getty Images; (c) ©William Blacke/iStock/Getty Images; (tr) ©Stockbyte/Getty Images; (tl) ©Comstock/Getty Images; **86** (t) ©Christopher Futcher/iStock/Getty Images; (bg) ©Gustaf Brundin /E+/Getty Images; **87** (b) ©Wealan Pollard/OJO Images/Getty Images; (bg) ©Gustaf Brundin/E+/Getty Images; **88** (t) ©Hero/Fancy/age fotostock; (bg) ©Gustaf Brundin/E+/Getty Images; **89** (b) ©RosaIreneBetancourt 10/Alamy; (bg) ©Gustaf Brundin/E+/Getty Images; **90** (t) ©ColorBlind Images/Iconica/Getty Images; (bg) ©Gustaf Brundin/E+/Getty Images; **91** (b) ©Marc Romanelli/Media Bakery; (bg) ©Gustaf Brundin/E+/Getty Images; **92** (t) ©Jason Doly/iStock/Getty Images; (bg) ©Gustaf Brundin/E+/Getty Images; **93** (bg) ©Gustaf Brundin/E+/Getty Images; **104** (t) ©Huntstock/Getty Images; (b) ©Huntstock/Getty Images; **105** (t) ©Chris Bernard/E+/Getty Images; (b) ©Madhurima Sil/Getty Images; **116** (l) ©Hero Images/Corbis; (r) ©Juniors Bildarchiv GmbH/Alamy; **117** ©GlobalP/iStock/Getty Images; **118** ©Juniors Bildarchiv GmbH/Alamy; **119** Purestock/Getty Images; **120** (l) ©Carlos Mora/Alamy; (bg) ©fasterhorses/iStock/Getty Images Plus/Getty Images; **143** ©PRILL/Shutterstock; **144** ©muha04/Getty Images; **146** (bg) ©Erich Fend/Getty Images; **147** (inset) ©jojoo64/iStock/Getty Images; **148** ©Michele Falzone/Photodisc/Getty Images; **150** ©FLPA/Alamy; **151** ©Nature Picture library/Alamy; **152** (bg) ©irisphoto2/iStock/Getty Images; **153** (inset) ©Realimage/Alamy; **154** (tr) ©Remco Douma/Moment/Getty Images; (tl) ©MichaelGrantTravel/Alamy; (bl) ©Angela Arenal/iStock/Getty Images; (tr) ©MichaelGrantTravel/Alamy; **155** ©Narvikk/Vetta/Getty Images; **156** (inset) ©The Life Picture Collection/Getty Images; (bg) ©Sean Pavone/iStock/Getty Images Plus; **158** (bg) ©Lucyna Koch/Vetta/Getty Images; **159** ©Corbis Super RF/Alamy Images; **160** ©Globalpix/iStock/Getty Images; **161** (b) ©Johan Swanep/iStock/Getty Images; (t) ©blickwinkel/McPHOTO/CWY/Alamy; **162** ©Michael D. Kock/Gallo Images/Getty Images; **163** ©Dennis Hout/hemis.fr/Getty Images; **164** (bg) ©Duncan Noakes/iStock/Getty Images; **165** ©Sergio Pitamitz/Photographer's Choice RF/Getty Images; **166** (bg) ©Brian Kinney/Shutterstock; (t) ©Joe Belanger/Shutterstock; **167** ©Gregory G. Dimijian/Science Source; **178** ©Houghton Mifflin Harcourt; **179** (t) ©Houghton Mifflin Harcourt; (tc) ©Houghton Mifflin Harcourt; (bc) ©Houghton Mifflin Harcourt; (b) ©Houghton Mifflin Harcourt; **180** ©RyanKing999/iStock/Getty Images; **182 (bg)** ©Ippei Naoi/Moment/Getty Images; (l) ©stanley45/iStock/Getty Images; (br) ©Sascha Burkard/Shutterstock; **183** (t) ©Nacho Such/Shutterstock; (b) ©Pakhnyushchyy/Shutterstock; **184** (bl) ©Tsekhmister/Shutterstock; (br) ©Hintau Aliaksei/Shutterstock; (c) ©alptraum/iStock/Getty Images; (bg) ©Ippei Naoi/Moment/Getty Images; **185** (t) ©Eric Isselee/Shutterstock; **186** (t) ©James Urbach/Superstock; (bg) ©Ippei Naoi/Moment/Getty Images; **187** (c) ©wyoosumran/Getty Images; **188** (bg) ©Ippei Naoi/Moment/Getty Images; (t) ©stanley45/iStock/Getty Images; (bl) ©Pakhnyushchyy/Shutterstock; (br) ©Tsekhmister/Shutterstock; **189** (b) ©Imagebroker/Alamy Images; (t) ©Butterfly Hunter/Shutterstock; (b) ©Eric Isselee/Shutterstock; (t) ©Butterfly Hunter/Shutterstock; **190** (bg) ©Fred Froese/iStock/Getty Images; **200** (t) ©dabjola/iStock/Getty Images; (b) ©kingfisher/Shutterstock; **201** ©Kerri Wile/Moment/Getty Images; **202** (bg) ©Katrina Brown/Alamy Images; **216** ©mihtiander/Getty Images; **217** ©Bob Elsdale/Photographer's Choice/Getty Images; **218** ©mlorenzphotography/Moment Open/Getty Images; **219** ©Don Farrall/Getty Images; **220** (br) ©Bob Elsdale/Photographer's Choice/Getty Images; (bl) ©mlorenzphotography/Moment Open/Getty Images; (tr) ©Don Farrall/Getty Images; **221** (b) ©Life on White/Photodisc/Getty Images; (t) ©Don Farrall/Getty Images.